01

interview

직업

Học sinh
혹 씽

학생

Nhân viên văn phòng
년 비엔 반 퐁

회사원

Lính cứu hoả
링 끄우 화

소방관

Cảnh sát
까잉(깐) 쌋

경찰

Bác sĩ
박 씨

의사

단어사용방법

Tôi là 직업 **.**
또이 라

저는 직업 입니다.

직업

Diễn viên
지엔(이엔) 비엔

배우

Ca sĩ
까 씨

가수

Tiếp viên hàng không
띠엡 비엔 항 콩

비행기 승무원

Y tá
이 따

간호사

Người làm nghề tự do
응으어이 람 응에 뜨 조(요)

프리랜서

Tôi không phải là 직업 .
또이 콩 파이 라

저는 직업 이 아닙니다.

직업

월 일

Vận động viên
번 동 비엔

운동선수

Nhà thiết kế
냐 티엣 께

디자이너

Nhân viên bán hàng
년 비엔 반 항

판매원

Phiên dịch
피엔 직(익)

통역가

Nhà văn
냐 반

작가

단어사용방법

Bạn là 직업 **phải không?**
반 라 파이 콩

당신은 직업 입니까?

직업

Giáo viên 쟈오(야오) 비엔	선생님
Phát thanh viên 팟 타잉(탄) 비엔	아나운서
Nội trợ 노이 쩌	가정주부
Kỹ sư 끼 쓰	기술자, 엔지니어
Luật sư 루엇 쓰	변호사

Mẹ tôi là 직업 **.**
매 또이 라

저희 엄마는 직업 입니다.

직업

월 일

Công chức
꽁 쯕
공무원

Phóng viên
퐁 비엔
기자

Hướng dẫn viên du lịch
흐엉 전(연) 비엔 주(유) 릭
여행가이드

Đầu bếp
더우 벱
요리사

Biên tập viên
비엔 떱 비엔
편집자

단어사용방법

Bố tôi là 직업 **.**
보 또이 라

저희 아빠는 직업 입니다.

숫자

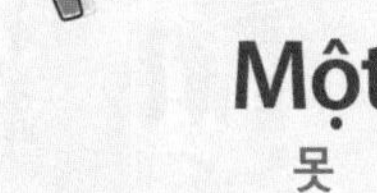

Một
못
1

Hai
하이
2

Ba
바
3

Bốn
본
4

Bẩy mươi
버이 므어이
70

Tám mươi
땀 므어이
80

Chín mươi
찐 므어이
90

Một trăm
못 짬
100

Một nghìn / Một ngàn
못 응인 못 응안
1,000

Mười nghìn/Mười ngàn
므어이 응인 므어이 응안
10,000

단어사용방법

Có 숫자 **cái.**
꼬 까이

숫자 개 있습니다.

TIP: 북부 / 남부의 단어 쓰임 구분 : 북부 '**nghìn**' 응인 / 남부 '**ngàn**' 응안

숫자

월 일

Năm 남 5	**Sáu** 싸우 6
Bảy 바이 7	**Tám** 땀 8
Chín 찐 9	**Mười** 므어이 10
Mười một 므어이 못 11	**Mười hai** 므어이 하이 12
Mười ba 므어이 바 13	**Mười bốn** 므어이 본 14

단어사용방법

Cháu 숫자 **tuổi à?**
짜우 뚜오이 아

꼬마야, 넌 숫자 살이니?

Mười lăm
므어이 람
15

Mười sáu
므어이 싸우
16

Mười bảy
므어이 바이
17

Mười tám
므어이 땀
18

Mười chín
므어이 찐
19

Hai mươi
하이 므어이
20

Ba mươi
바 므어이
30

40

Bốn mươi
본 므머이
40

Năm mươi
남 므어이
50

Sáu mươi
싸우 므어이
60

단어 사용방법

저는 숫자 살 입니다.

동물

월 일

Chuột
쭈옷

쥐

Trâu
쩌우

물소

Hổ
호

호랑이

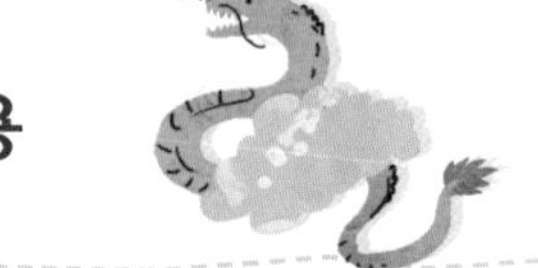

Mèo
매오

고양이

Rồng
종(롱)

용

단어사용방법

Tôi tuổi con 동물 **.**
또이 뚜오이 꼰

저는 동물 띠입니다.

TIP 종별사 **'con'** 꼰 : 마리 (동물 앞에 습관적으로 쓰임)

동물

Rắn
란

뱀

Ngựa
응으어

말

Dê
제(예)

염소

Khỉ
키

원숭이

Gà
가

닭

단어사용방법

Em trai tôi tuổi  **.**
앰 짜이 또이 뚜오이

제 남동생은 동물 띠입니다.

동물

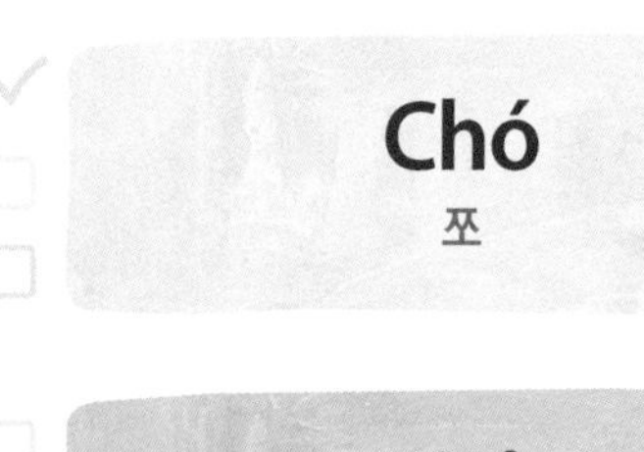

Chó
쪼

개

Thỏ
토

토끼

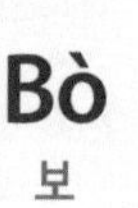

Bò
보

소

Voi
보이

코끼리

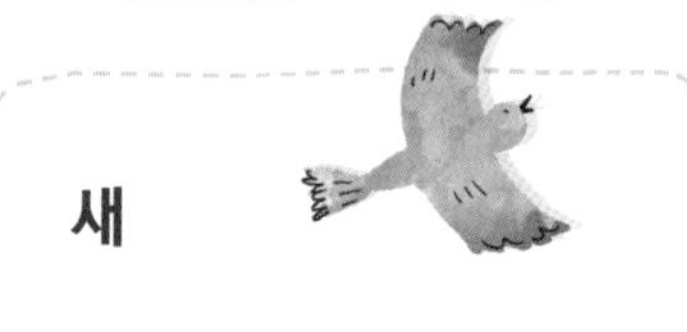

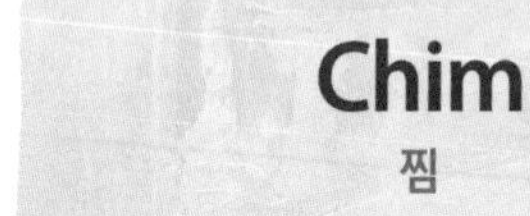

Chim
찜

새

단어사용방법

Tôi thích con 동물 .
또이 틱 꼰

저는 동물 을 좋아합니다.

TIP 종별사 **'con'** 꼰 : 마리 (동물 앞에 습관적으로 쓰임)

동물

Lợn / Heo 런 해오	돼지
Vịt 빗	오리
Sư tử 쓰 뜨	사자
Hươu cao cổ 흐어우 까오 꼬	기린
Gấu 거우	곰

* **Tôi không thích con** 동물 **.**
또이 콩 틱 끈

저는 동물 을 안 좋아합니다.

TIP: 북부 / 남부 단어 쓰임 색상으로 구분 (이후 공통)

국가

Hàn Quốc
한 꾸옥

한국

Trung Quốc
쭝 꾸옥

중국

Nhật Bản
녓 반

일본

Việt Nam
비엣 남

베트남

Hồng Kông
홍 꽁

홍콩

Tôi là người 국가 **.**
또이 라 응으어이

저는 국가 사람입니다.

국가

Mỹ
미

미국

Anh
아잉(안)

영국

Pháp
팝

프랑스

Đức
득

독일

Úc
욱

오스트레일리아

단어사용방법

- **Tôi đến từ** 국가 .
  또이 덴 뜨

저는 국가 에서 왔습니다.

국가

월 일

Nga
응아

러시아

Thái Lan
타이 란

태국

Canada
까나다

캐나다

Singapore
씽가보

싱가포르

Ấn Độ
언 도

인도

단어사용방법

Tôi đã đi 국가 **.**
또이 다 디

저는 국가 에 가봤습니다.

국가

Ý 이	이탈리아 
Ai Cập 아이 껍	이집트
Thụy Điển 투이 디엔	스웨덴 
Thụy Sĩ 투이 씨	스위스 
Tây Ban Nha 떠이 반 냐	스페인

단어사용방법

* **Tôi chưa đi** 국가 **.**
또이 쯔어 디

저는 국가 에 안 가봤습니다.

가족

월 일

Ông 옹	할아버지
Mẹ 매	엄마
Bố 보	아빠
Em trai 앰 짜이	남동생
Em gái 앰 가이	여동생

단어사용방법

Gia đình tôi có 가족 , 가족 , 가족 **và tôi.**
쟈(야) 딩 또이 꼬 바 또이

저희 가족은 가족 , 가족 , 가족 그리고 저 입니다.

가족

월 일

Bà 바	할머니
Anh trai 아잉(안) 짜이	형, 오빠
Chị gái 찌 가이	누나, 언니
Con trai 꼰 짜이	아들
Con gái 꼰 가이	딸

단어사용방법

Tôi không có 가족 **.**
또이 콩 꼬

저는 가족 이 없습니다.

가족

월 일

Ông ngoại
옹 응오아이

외할아버지

Bà ngoại
바 응오아이

외할머니

Bố mẹ
보 매

부모님

Vợ
버

아내

Chồng
쫑

남편

단어사용방법

* **Tôi sống với** 가족 **.**
또이 쏭 버이

저는 가족 과 함께 삽니다.

가족

월 일

Con rể
꼰 제

사위

Con dâu
꼰 저우(여우)

며느리

Cháu trai
짜우 짜이

손자

Cháu gái
짜우 가이

손녀

Anh chị em
아잉(안) 찌 앰

형제자매

단어사용방법

* **Bạn có** 가족 **không?**
반 꼬 콩

당신은 가족 이 있습니까?

취미

Nấu ăn
너우 안

요리하다

Chơi Bowling
쩌이 볼링

볼링 치다

Sưu tầm
쓰우 떰

수집하다

Chơi game
쩌이 게임

게임하다

Leo núi
래오 누이

등산하다

Sở thích của tôi là  취미 .
써 틱 꾸어 또이 라

저의 취미는 취미 입니다.

취미

Bóng chày 봉 짜이	야구
Bóng rổ 봉 조(로)	농구
Bóng bàn 봉 반	탁구
Quần vợt 꾸언 벗	테니스
Bi-a 비-아	당구

단어사용방법

Tôi không thích 취미 **lắm.**
또이 콩 틱 람

저는 취미 를 그다지 좋아하지 않습니다.

취미

월 일

Trượt tuyết
쯔엇 뚜이엣

스키 타다

Ma-ra-tông
마-라-똥

마라톤

Tập Yoga
떱 이오가

요가 하다

Chơi piano
쩌이 피아노

피아노 치다

Chơi ghita
쩌이 기타

기타 치다

단어사용방법

Sở thích của bạn là 취미 **phải không?**
써 틱 꾸어 반 라 파이 콩

당신의 취미는 취미 입니까?

취미

Đọc sách
독 싸익(싹)

독서하다

Chơi bóng đá
쩌이 봉 다

축구하다

Câu cá
꺼우 까

낚시하다

Chơi cờ vây
쩌이 꺼 버이

바둑 두다

Lướt sóng
르엇 쏭

서핑 하다

단어사용방법

Anh ấy có thường 취미 **không?**
아잉(안) 어이 꼬 트엉 콩

그는 자주 취미 합니까?

취미

Hát
핫

노래하다

Nhảy múa
냐이 무어

춤추다

Vẽ tranh
배 짜잉(짠)

그림 그리다

Bơi
버이

수영하다

Cắm hoa
깜 화

꽃꽂이하다

단어사용방법

Cô ấy thích 취미 .
꼬 어이 틱

그녀는 취미 를 좋아합니다.

관심분야

Kinh tế 낑 떼	경제
Chính trị 찡 찌	정치
Sức khỏe 쓱 코애	건강
Văn hóa 반 화	문화
Công nghệ thông tin 꽁 응에 통 띤	IT(정보통신기술)

단어사용방법

Tôi quan tâm đến 관심분야 **.**
또이 꾸안 떰 덴

저는 관심분야 에 관심이 있습니다.

관심분야

Vấn đề xã hội
번 데 싸 호이

사회문제

Thể thao
테 타오

스포츠

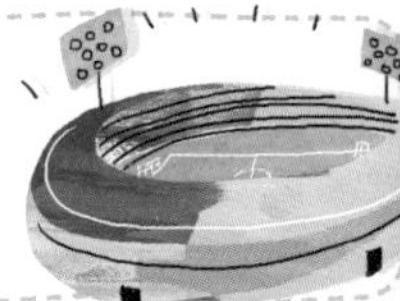

Khoa học công nghệ
코아 혹 꽁 응에

과학기술

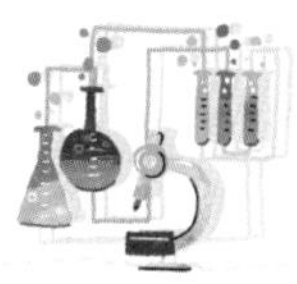

Tài chính
따이 찡

금융

Giải trí
쟈이(야이) 찌

엔터테인먼트

단어사용방법

Tôi không quan tâm đến 관심분야 **.**
또이 콩 꾸안 떰 덴

저는 관심분야 에 관심이 없습니다.

관심분야

Bảo vệ môi trường
바오 베 모이 쯔엉

환경보호

Giáo dục
쟈오(야오) 죽(육)

교육

Âm nhạc
엄 냑

음악

Thời trang
터이 짱

패션

Làm đẹp
람 댑

뷰티

단어사용방법

Tôi không quan tâm đến 관심분야 lắm.
또이 콩 꾸안 떰 덴 람

저는 관심분야 에 그다지 관심이 없습니다.

관심분야

Bất động sản
벗 동 싼

부동산

Hoạt động tình nguyện
호앗 동 띵 응우옌

자원봉사

Nghệ thuật
응에 투엇

예술

Đầu tư chứng khoán
더우 뜨 쯩 코안

주식투자를 하다

Nhân quyền
년 꾸이엔

인권

단어사용방법

Bạn có quan tâm đến 관심분야 **không?**
반 꼬 꾸안 떰 덴 콩

당신은 관심분야 에 관심이 있습니까?

✔ 다음 단어들 중 취미와 관련된 단어를 찾아 ○ 표시하세요.

아잉(안) 짜이
Anh trai

키
Khỉ

너우 안
Nấu ăn

쩌이 피아노
Chơi piano

띠엡 비엔 항 콩
Tiếp viên hàng không

래오 누이
Leo núi

한 꾸옥
Hàn Quốc

가
Gà

핫
Hát

쓱 코애
Sức khỏe

보 매
Bố mẹ

쩌이 봉 다
Chơi bóng đá

정답

Nấu ăn 요리하다 | Chơi piano 피아노 치다 | Leo núi 등산하다 | Hát 노래하다 | Chơi bóng đá 축구하다

예문 모아모아

단어사용방법 문장들을 모아 회화 속으로 go! go!

또이 라 혹 씽
A Tôi là học sinh. 저는 학생이에요.

버이 남 나이 반 바오 니에우 뚜오이
B Vậy năm nay bạn bao nhiêu tuổi?
그럼 올해 나이가 어떻게 되세요?

남 나이 또이 하이 므어이 뚜오이
A Năm nay tôi hai mươi tuổi. 올해 20살이에요.

반 뚜오이 지(이)
B Bạn tuổi gì? 당신은 무슨 띠인가요?

또이 뚜오이 꼰 쭈옷
A Tôi tuổi con chuột. 저는 쥐띠에요.

테 아 반 라 응으어이 한 꾸옥 파이 콩
B Thế à, bạn là người Hàn Quốc phải không?
그렇군요, 당신은 한국 사람인가요?

벙 또이 라 응으어이 한 꾸옥
A Vâng, tôi là người Hàn Quốc. 저는 한국사람이에요.

쟈(야) 딩 꾸어 반 꼬 머이 응으어이
B Gia đình của bạn có mấy người? 가족관계는 어떻게 되세요?

직업

숫자(나이)

동물

국가

– 1 –

예문 모아모아

단어사용방법 문장들을 모아 회화 속으로 go! go!

가족

쟈(야) 딩 또이 꼬 보 매 앰 가이 바 또이 꼰 반 티 싸오
A Gia đình tôi có bố, mẹ, em gái và tôi. Còn bạn thì sao?
아빠, 엄마, 여동생 그리고 저에요. 당신은요?

쟈(야) 딩 또이 꿍 꼬 본 응으어이 써 틱 꾸어 반 라 지
B Gia đình tôi cũng có bốn người. Sở thích của bạn là gì?
저도 네 식구에요. 당신의 취미는 뭔가요?

취미

써 틱 꾸어 또이 라 래오 누이 꼰 반 티 싸오
A Sở thích của tôi là leo núi. Còn bạn thì sao?
저의 취미는 등산이에요. 당신은요?

또이 꿍 버이
B Tôi cũng vậy. 저도요.

관심분야

또이 꾸안 떰 덴 쓱 코애
A Tôi quan tâm đến sức khỏe. 저는 건강 쪽에 관심이 있어요.

테 아 젓(럿) 부이 드억 갑 반
B Thế à. Rất vui được gặp bạn! 그렇군요. 만나서 반가워요!

– 2 –

02 관계하기

너와 나의 첫 만남♡

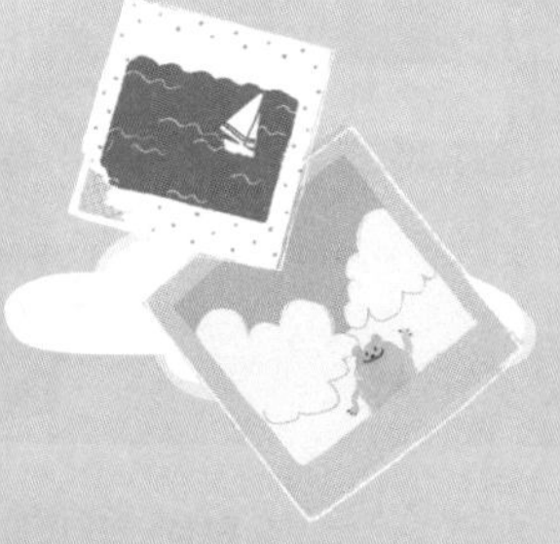

개인정보

월 일

Danh thiếp
자잉(얀) 티엡

명함

Số điện thoại di động
쏘 디엔 토아이 지(이) 동

휴대전화번호

Số điện thoại
쏘 디엔 토아이

전화번호

Số liên lạc
쏘 리엔 락

연락처

E-mail
이-멜

이메일 주소

단어사용방법

Đây là 개인정보 **của tôi.**
더이 라 꾸어 또이

이것은 저의 개인정보 입니다.

개인정보

Tài khoản mạng xã hội
따이 코안 망 싸 호이

(SNS)공식계정

Địa chỉ
디어 찌

주소

Thông tin cá nhân
통 띤 까 년

개인정보

Ngày tháng năm sinh
응아이 탕 남 씽

출생 연월일

Tài khoản Facebook
따이 코안 페이스북

페이스북 계정

단어사용방법

Xin cho tôi biết 개인정보 **của bạn.**
씬 쪼 또이 비엣 꾸어 반

당신의 개인정보 를 알려주세요.

개인정보

Tài khoản instagram
따이 코안 인쓰따그램

인스타그램 계정

Chứng minh thư
쯩 밍 트

신분증

Thẻ sinh viên 태 씽 비엔,
Thẻ học sinh 태 혹 씽

학생증

Thẻ nhân viên
태 년 비엔

사원증

Bằng lái xe
방 라이 쌔

운전면허증

단어사용방법

Đây là 개인정보 **của anh ấy.**
더이 라 꾸어 아잉(안) 어이

이것은 그의 개인정보 입니다.

외국어

Ngoại ngữ
응오아이 응으

외국어

Tiếng Việt
띠엥 비엣

베트남어

Tiếng Hàn
띠엥 한

한국어

Tiếng Nhật
띠엥 녓

일본어

Tiếng Trung Quốc
띠엥 쭝 꾸옥

중국어

단어사용방법

* **Tôi có thể nói một ít** 외국어 **.**
또이 꼬 테 노이 못 잇

저는 외국어 를 조금 할 줄 압니다.

외국어

Tiếng Anh
띠엥 아잉(안)

영어

Tiếng Pháp
띠엥 팝

프랑스어

Tiếng Nga
띠엥 응아

러시아어

Tiếng Đức
띠엥 득

독일어

Tiếng Campuchia
띠엥 깜뿌찌어

캄보디아어

단어사용방법

* **Tôi không biết nói** 외국어 .
또이 콩 비엣 노이

저는 외국어 를 할 줄 모릅니다.

사람 묘사

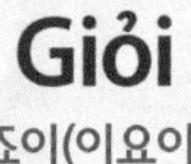

Giỏi
죠이(이요이)

잘하다

Thông minh
통 밍

똑똑하다

Tỉ mỉ
띠 미

세심하다, 꼼꼼하다

Hiền
히엔

착하다

Vui tính
부이 띵

쾌활하다

Cô rất 사람 묘사 **!**
꼬 젓(럿)

당신(여성)은 정말 사람 묘사 합니다!

TIP: 당신(여성) : **cô** 꼬, **chị** 찌
당신(남성) : **anh** 아잉(안)
당신(친구) : **bạn** 반

사람 묘사

Chăm chỉ
짬 찌

열심이다,
부지런하다

Điềm đạm
디엠 담

차분하다

Trung thực
쭝 특

성실하다

Đẹp trai
댑 짜이

잘생기다

Khó tính
코 띵

(성격이) 까다롭다

단어사용방법

Bạn tôi rất 사람 묘사 **!**
반 또이 젓(럿)

제 친구는 정말 사람 묘사 합니다!

사람 묘사

Xuất sắc
쑤엇 싹

대단하다

Có năng lực
꼬 낭 륵

능력있다

Hài hước
하이 흐억

유머러스하다

Khôn ngoan
콘 응오안

현명하다

Xấu
써우

못생겼다, 나쁘다

Người này rất 사람 묘사 **!**
응으어이 나이 젓(럿)

이 사람은 정말 사람 묘사 합니다!

사람 묘사

Gầy
거이

말랐다

Béo / Mập
배오 멉

뚱뚱하다

Xinh đẹp
씽 댑

예쁘다

Thân thiện
턴 티엔

친절하다

Dễ thương
제(예) 트엉

귀엽다

단어사용방법

Cô ấy rất 사람 묘사 **!**
꼬 어이 젓(럿)

그녀는 정말 사람 묘사 합니다!

TIP 그녀 : **cô ấy** 꼬 어이
chị ấy 찌 어이
그 : **anh ấy** 아잉(안) 어이

활동

월 일

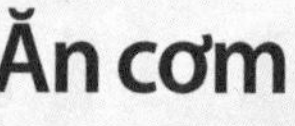

Ăn cơm
안 껌

밥 먹다

Chụp ảnh
쭙 아잉(안)

사진 찍다

Đi du lịch
디 주(유) 릭

여행가다

Chơi
쩌이

놀다

Uống rượu
우옹 즈어우(르어우)

술 마시다

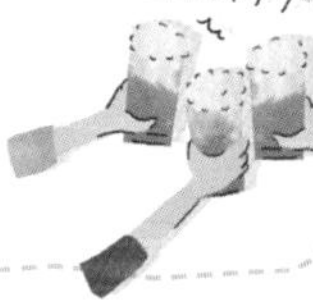

단어사용방법

Chúng ta cùng 활동 **nhé.**
쭝 따 꿍 녜

우리 같이 활동 합시다.

활동

Đi xem ca nhạc
디 쌤 까 냑

콘서트 가다

Xem phim
쌤 핌

영화보다

Lái xe
라이 쌔

드라이브 하다

Đi khu vui chơi
디 쿠 부이 쩌이

놀이공원 가다

Mua sắm
무어 쌈

쇼핑하다

단어사용방법

Ngày mai chúng ta cùng 활동 **được không?**
응아이 마이 쭝 따 꿍 드억 콩

내일 우리 같이 활동 할 수 있습니까?

활동

월 일

Nói chuyện
노이 쭈이엔

이야기하다

Ôn thi
온 티

시험 공부하다

Uống cà phê
우옹 까 페

커피 마시다

Giảm cân
잠(얌) 껀

다이어트하다

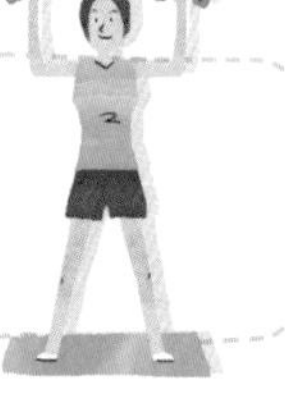

Tập thể dục
떱 테 죽(육)

운동하다

Tôi 활동 **với bạn tôi.**
또이 버이 반 또이

저와 친구는 같이 활동 합니다.

활동

Học bài
혹 바이

공부하다

Làm thêm
람 템

아르바이트하다

Đi dạo
디 자오(야오)

산책하다

Đi đám cưới
디 담 끄어이

결혼식 가다

Làm việc
람 비엑

일하다

단어사용방법

* **Tôi định** 활동 .
또이 딩

저는 활동 하려고 합니다.

음식 분류

Món Hàn Quốc
몬 한 꾸옥

한식

Món Trung Quốc
몬 쭝 꾸옥

중식

Món Nhật Bản
몬 녓 반

일식

Món Tây
몬 떠이

양식

Món đặc sản
몬 닥 싼

별미, 명물요리

단어사용방법

Tôi muốn ăn 음식 분류 .
또이 무온 안

저는 음식 분류 가 먹고 싶습니다.

음식 분류

Bánh 바잉(반)	빵
Món tráng miệng 몬 짱 미엥	디저트
Mì 미	국수
Đồ ăn nhanh 도 안 냐잉(냔)	패스트푸드
Bánh kẹo 바잉(반) 깨오	과자, 스낵

단어사용방법

Tôi không muốn ăn 음식 분류 **.**
또이 콩 무온 안

저는 음식 분류 가 먹고 싶지 않습니다.

음식 분류

Món Việt Nam
몬 비엣 남

베트남 요리

Món miền Tây
몬 미엔 떠이

베트남 서부지역 요리

Món Huế
몬 후에

후에 요리

Món Thái Lan
몬 타이 란

타이 요리

Món Ấn Độ
몬 언 도

인도요리

Tôi thích ăn 음식 분류 .
또이 틱 안

저는 음식 분류 먹기를 좋아합니다.

✔ 빈칸에 들어갈 알맞은 단어를 빙고에서 찾아 색칠하세요.

❶ ______ đẹp (예쁘다)

❷ Danh ______ (명함)

❸ Tiếng ______ (베트남어)

❹ Khó ______ ((성격이) 까다롭다)

❺ ______ phim (영화보다)

❻ Tập ______ (운동하다)

❼ ______ Tây (양식)

❽ ______ bài (공부하다)

❾ ______ cà phê (커피를 마시다)

❿ Địa ______ (주소)

Nhật Bản	Xinh	Ấn Độ	Xem	Rượu
thể dục	Du lịch	tính	Mua sắm	Việt
Món	Đi	Ăn	Đẹp trai	Học
Nói chuyện	thiếp	Chăm	Uống	Số
Việt Nam	Tài khoản	chỉ	Ảnh	Chụp

정답

❶ Xinh ❷ thiếp ❸ Việt ❹ tính ❺ Xem ❻ thể dục
❼ Món ❽ Học ❾ Uống ❿ chỉ

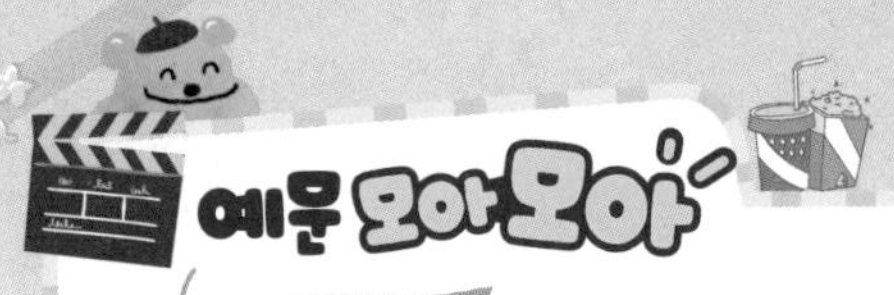

단어사용방법 문장들을 모아 회화 속으로 go! go!

꼬 어이 더이 라 자잉(얀) 티엡 꾸어 또이
A Cô ơi, đây là danh thiếp của tôi. 저기요, 제 명함이에요.

깜 언 아잉(안) 비엣 노이 띠엥 비엣 콩
B Cám ơn, anh biết nói tiếng Việt không?
감사합니다, 당신(남성)은 베트남어를 할 줄 아나요?

또이 꼬 테 노이 못 잇 띠엥 비엣 꼰 꼬
A Tôi có thể nói một ít tiếng Việt, còn cô?
베트남어를 조금 할 줄 알아요, 당신(여성)은요?

또이 노이 드억 띠엥 아잉(안) 바 못 쭛 띠엥 한
B Tôi nói được tiếng Anh và một chút tiếng Hàn.
저는 영어와 약간의 한국어를 할 수 있어요.

꼬 젓(럿) 통 밍
A Cô rất thông minh! 당신(여성)은 정말 똑똑하시네요!

깜 언 아잉(안) 또이 꼰 깸 람
B Cám ơn anh, tôi còn kém lắm.
감사합니다, 아직 많이 부족해요.

개인정보

외국어

사람 묘사

- 1 -

단어사용방법 문장들을 모아 회화 속으로 go! go!

키 나오 자잉(란) 쭝 따 꿍 안 껌 녜
A Khi nào rảnh, chúng ta cùng ăn cơm nhé.
언제 한가할 때 우리 같이 식사해요.

벙 아잉(안) 무온 안 몬 지(이)
B Vâng, anh muốn ăn món gì? 좋아요, 무슨 음식 먹을까요?

또이 무온 안 몬 한 꾸옥
A Tôi muốn ăn món Hàn Quốc. 전 한식 먹고 싶어요.

벙 또이 꿍 틱 몬 한 꾸옥
B Vâng, tôi cũng thích món Hàn Quốc.
네, 저도 한식 좋아해요.

활동 음식 분류

03 일상
이불 밖은 위험해!

시각

Một giờ
못 져(여)
1시

Hai giờ
하이 져(여)
2시

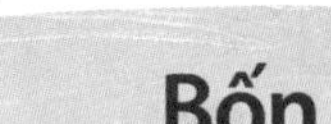

Ba giờ
바 져(여)
3시

Bốn giờ
본 져(여)
4시

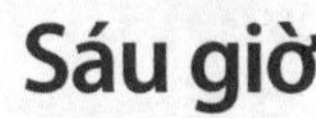

Năm giờ
남 져(여)
5시

Sáu giờ
싸우 져(여)
6시

Bảy giờ
바이 져(여)
7시

Tám giờ
땀 져(여)
8시

Chín giờ
찐 져(여)
9시

Mười giờ
므어이 져(여)
10시

Bây giờ là 시각 .
버이 져(여) 라

지금은 시각 입니다.

시각

Mười một giờ
므어이 못 져(여)
11시

Mười hai giờ
므어이 하이 져(여)
12시

Một giờ đúng
못 져(여) 둥
1시 정각

Một giờ mười phút
못 져(여) 므어이 풋
1시 10분

Một giờ mười lăm phút
못 져(여) 므어이 람 풋
1시 15분

Một giờ hai mươi phút
못 져(여) 하이 므어이 풋
1시 20분

Hai giờ ba mươi phút
하이 져(여) 바 므어이 풋
2시 30분

Hai giờ rưỡi
하이 져(여) 즈어이(르어이)
2시 반(30분)

Ba giờ bốn mươi lăm phút
바 져(여) 본 므어이 람 풋
3시 45분

Bốn giờ kém năm
본 져(여) 깸 남
4시 5분 전

단어사용방법

Chúng ta xuất phát lúc 시각 **.**
쭝 따 쑤엇 팟 룩

우리 시각 에 출발합니다.

일상 동작

Rửa mặt
즈어(르어) 맛

세수하다

Tắm
땀

샤워하다

Đánh răng
다잉(단) 장(랑)

양치하다

Lướt web
르엇 웹

인터넷 하다

Đọc báo
독 바오

신문을 읽다

단어사용방법

Con đang 일상 동작 **ạ.**
꼰 당 아

저(자녀)는 일상 동작 하고 있습니다.

TIP 'con' 꼰 : 자식, 자녀 (부모가 자녀를 부르는 호칭, 자녀가 부모에게 자신을 지칭하는 호칭)

일상 동작

Gọi điện thoại
고이 디엔 토아이

전화하다

Vứt rác
븟 작(락)

쓰레기 버리다

Làm bài tập
람 바이 떱

숙제하다

Giặt quần áo
쟛(얏) 꾸언 아오

빨래하다

Nghỉ
응이

쉬다

단어사용방법

Bây giờ tôi đang 일상 동작 **.**
버이 져(여) 또이 당

저는 지금 일상 동작 하고 있습니다.

일상 동작

Ngủ
응우

잠자다

Dọn phòng
존(욘) 퐁

방 청소하다

Làm việc nhà
람 비엑 냐

집안일 하다

Trang điểm
짱 디엠

화장하다

Ăn sáng
안 쌍

아침 먹다

단어사용방법

* **Con vẫn đang** 일상 동작 **à?**
꼰 번 당 아

너(자녀)는 아직도 일상 동작 하고 있니?

TIP 'con' 꼰 : 자식, 자녀 (부모가 자녀를 부르는 호칭, 자녀가 부모에게 자신을 지칭하는 호칭)

일상 동작

월 일

Thức dậy 특 저이(여이)	일어나다
Mặc áo 막 아오	옷 입다
Đi giày 디 쟈이(야이)	신발 신다
Đi ra ngoài 디 자(라) 응오아이	나가다, 외출하다
Rửa bát / Rửa chén 즈어(르어) 밧 / 즈어(르어) 짼	설거지하다

단어사용방법

Tôi đã 일상 동작 **rồi.**
또이 다 조이(로이)

저는 이미 일상 동작 했습니다.

생활용품

Khăn tắm
칸 땀

수건 

Giấy vệ sinh
져이(여이) 베 씽

화장지 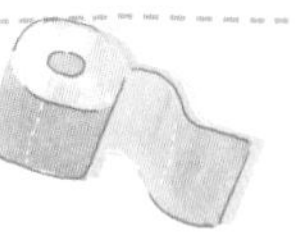

Đồng hồ đeo tay
동 호 대오 따이

손목시계 

Điện thoại di động
디엔 토아이 지(이) 동

휴대폰 

Ví
비

지갑 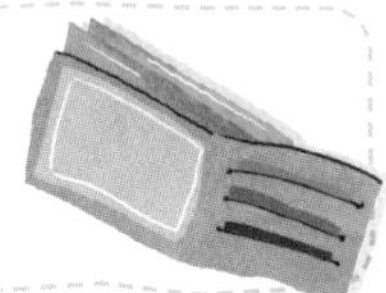

단어사용방법

Cho con 생활용품 ạ.
쪼 꼰 아

저(자녀)에게 생활용품 좀 주세요.

TIP 'con' 꼰 : 자식, 자녀 (부모가 자녀를 부르는 호칭, 자녀가 부모에게 자신을 지칭하는 호칭)

생활용품

월 일

Dầu gội đầu
저우(여우) 고이 더우

샴푸

Dầu xả
저우(여우) 싸

린스

Sữa tắm
쓰어 땀

바디 샴푸

Xà phòng / Xà bông
싸 퐁 / 싸 봉

비누

Kem đánh răng
깸 다잉(단) 장(랑)

치약

단어사용방법

Tôi dùng hết 생활용품 **rồi.**
또이 중(융) 헷 조이(로이)

저는 생활용품 을 다 사용했습니다.

생활용품

Dao 자오(야오)	칼
Chảo 짜오	프라이팬
Nồi 노이	냄비
Sạc pin 싹 삔	충전기
Điều khiển từ xa 디에우 키엔 뜨 싸	리모컨

단어사용방법

Bạn để 생활용품 **ở đâu?**
반 데 어 더우

생활용품 을 어디에 두었습니까?

월 일

생활용품

Tất
떳

양말

Cốc giữ nhiệt 꼭 즈(이으) 니엣 / **Ly giữ nhiệt** 리 즈(이으) 니엣

텀블러

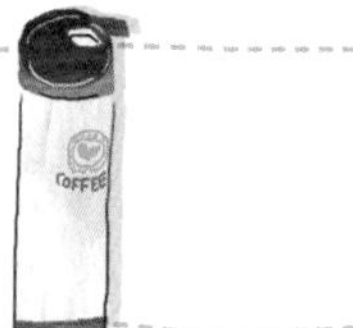

Kính
낑

안경

Đồ ngủ
도 응우

잠옷

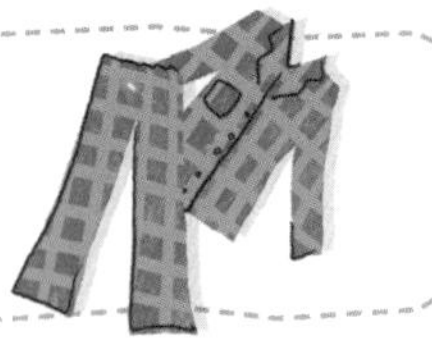

Bàn chải đánh răng
반 짜이 다잉(단) 장(랑)

칫솔

Tôi không tìm thấy 생활용품 .
또이 콩 띰 터이

생활용품 을 못 찾겠습니다.

생활용품

Chén trà / Tách trà
짼 짜 따익(딱) 짜

찻잔

Ấm trà
엄 짜

차 주전자

Móc chìa khoá
목 찌어 코아

열쇠고리

Ô / Dù
오 주(유)

우산

Lịch
릭

달력

단어사용방법

Tôi tìm thấy 생활용품 **rồi.**
또이 띰 터이 조이(로이)

생활용품 을 찾았습니다.

생활용품

월 일

Đồ lưu niệm
도 르우 니엠

기념품

Bưu thiếp
브우 티엡

엽서

Tem
땜

우표

Quả cầu tuyết
꾸아 꺼우 뚜이엣

스노우볼

Quạt
꾸앗

부채

단어사용방법

Mua 생활용품 **này ở đâu?**
무어 나이 어 더우

이 생활용품 은 어디에서 샀습니까?

집 구조

Phòng khách
퐁 카익(칵)

거실

Phòng ngủ
퐁 응우

침실

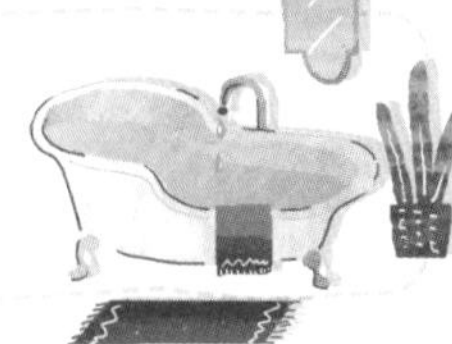

Phòng tắm
퐁 땀

욕실

Ban công
반 꽁

베란다

Sân nhà
썬 냐

마당

단어사용방법

Ở 집 구조 .
어

집 구조 에 있습니다.

집 구조

월 일

Phòng
퐁

방

Bếp
벱

주방

Phòng đọc sách
퐁 독 싸익(싹)

서재

Phòng vệ sinh
퐁 베 씽

화장실

Thềm nhà
템 냐

현관

단어사용방법

Ở trước 집 구조 .
어 쯔억

집 구조 앞에 있습니다.

감정

Vui
부이

기쁘다

Thích thú
틱 투

즐겁다

Thú vị
투 비

재미있다

Sợ
써

무섭다

Bực mình
북 밍

짜증나다

단어사용방법

Con thấy rất 감정 **.**
꼰 터이 젓(럿)

저는(자녀) 매우 감정 입니다.

TIP 'con' 꼰 : 자식, 자녀 (부모가 자녀를 부르는 호칭, 자녀가 부모에게 자신을 지칭하는 호칭)

감정

Lo lắng
로 랑

격정스럽다

Cô đơn
꼬 던

외롭다

Rầu rĩ
저우(러우) 지(리)

우울하다

Vội vàng
보이 방

조급하다

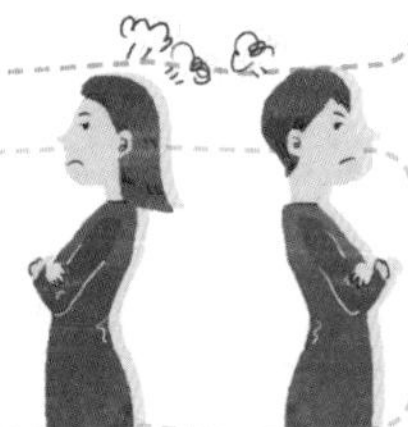

Tức giận
뜩 젼(연)

화나다

단어사용방법

Tôi hơi 감정 .
또이 허이

저는 조금 감정 합니다.

감정

Buồn
부온

속상하다, 슬프다

Khó xử
코 쓰

난처하다, 곤란하다

Căng thẳng
깡 탕

긴장하다, 스트레스 받다

Cảm động
깜 동

감동하다

Cảm kích
깜 끽

감격하다

감정 **quá.**
꾸아

너무(매우) 감정 입니다.

월 일

감정

Buồn chán
부온 짠

심심하다

Ngạc nhiên
응악 니엔

놀라다

Bị tổn thương
비 똔 트엉

상처받다

Thắc mắc
탁 막

궁금하다

Hài lòng
하이 롱

만족하다

단어사용방법

Tôi không 감정 **một chút nào cả.**
또이 콩 못 쭛 나오 까

저는 조금도 감정 하지 않습니다.

✓ 미로에서 감정과 관련된 단어들을 찾아 미로를 탈출하세요.

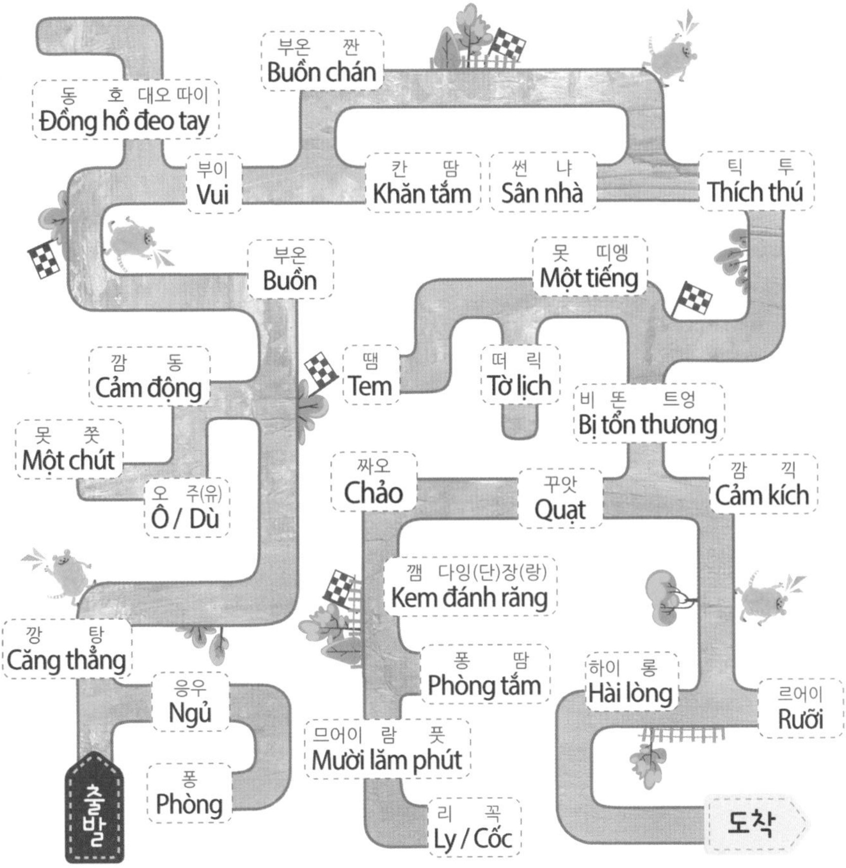

부온 짠
Buồn chán

동 호 대오 따이
Đồng hồ đeo tay

부이
Vui

칸 땀
Khăn tắm

썬 나
Sân nhà

틱 투
Thích thú

부온
Buồn

못 띠엥
Một tiếng

깜 동
Cảm động

땜
Tem

떠 릭
Tờ lịch

비 뚠 트엉
Bị tổn thương

못 쭛
Một chút

오 주(유)
Ô / Dù

짜오
Chảo

꾸앗
Quạt

깜 끽
Cảm kích

깸 다잉(단)장(랑)
Kem đánh răng

깡 탕
Căng thẳng

퐁 땀
Phòng tắm

하이 롱
Hài lòng

응우
Ngủ

르어이
Rưỡi

므어이 람 풋
Mười lăm phút

출발

퐁
Phòng

리 꼭
Ly / Cốc

도착

정답

Căng thẳng | Buồn | Vui | Buồn chán | Thích thú | Bị tổn thương | Cảm kích | Hài lòng

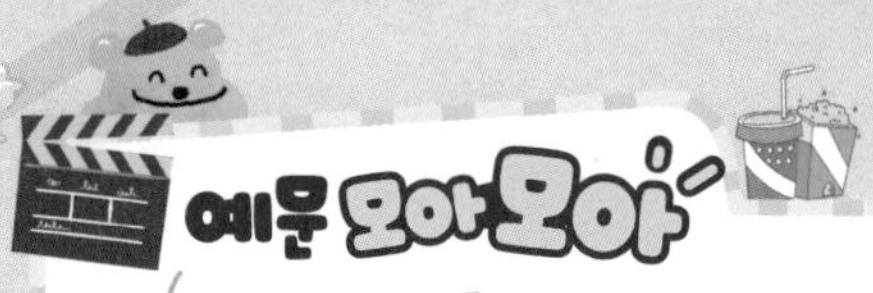

단어사용방법 문장들을 모아 회화 속으로 go! go!

매 어이 버이 져(여) 라 머이 져(여) 아
A Mẹ ơi, bây giờ là mấy giờ ạ? 엄마, 지금 몇 시예요?

버이 져(여) 라 바이 져(여)
B Bây giờ là bảy giờ. 지금 7시야.

꼰 번 당 응우 아
B Con vẫn đang ngủ à? 너 아직도 자고 있니?

콩 아 꼰 당 즈어(르어) 맛 아
A Không ạ. Con đang rửa mặt ạ.
아니요. 저 세수하고 있어요.

매 쪼 꼰 칸 땀 아
A Mẹ, cho con khăn tắm ạ. 엄마, 저 수건 좀 주세요.

어 도 꼬 조이(로이) 마
B Ở đó có rồi mà.
거기 있잖아!

어 더우 아
A Ở đâu ạ? 어디요?

어 퐁 땀
B Ở phòng tắm. 욕실에 있잖니.

시각
일상 동작
생활용품
집 구조

– 1 –

예문 모아모아

단어사용방법 문장들을 모아 회화 속으로 go! go!

니응 홈 나이 라 쭈 녓 마 꼰
B Nhưng, hôm nay là chủ nhật mà con?
근데 오늘 일요일 아니니?

져이(여이) 어이 꼰 터이 젓(럿) 븍 밍
A Giời ơi, con thấy rất bực mình. 맙소사, 완전 짜증 나!

감정

-2-

04 교통

동물원 찾아가기 도전!

교통수단

Tàu điện ngầm
따우 디엔 응엄

지하철

Xe buýt
쌔 부잇

버스

Tàu thuỷ
따우 투이

배

Xe buýt hai tầng
쌔 부잇 하이 떵

이층버스

Tàu cao tốc
따우 까오 똑

고속열차

단어사용방법

Chúng ta đi bằng 교통수단 nhé.
쭝 따 디 방 녜

우리 교통수단 타고 갑시다.

교통수단

월 일

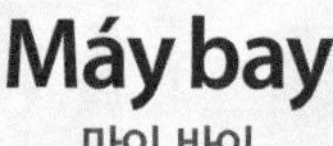

Máy bay
마이 바이

비행기

Xe buýt sân bay
쌔 부잇 썬 바이

공항버스

Tàu hoả / Xe lửa
따우 호아 / 쌔 르어

기차

Cáp treo
깝 째오

케이블카

Tắc xi
딱 씨

택시

Chúng ta đi bằng 교통수단 **đi.**
쭝 따 디 방 디

우리 교통수단 타고 갑시다.

교통수단

Xe đạp
쌔 답

자전거

Xe máy
쌔 마이

오토바이

Xe điện
쌔 디엔

전동차, 스쿠터

단어사용방법

Chúng ta đi 교통수단 **nhé.**
쭝 따 디 네

우리 교통수단 타고 갑시다.

교통수단

월 일

Lái xe
라이 쌔

(자가)운전하다

Lên xe
렌 쌔

차를 타다

Đi bộ
디 보

걷다

Chạy
짜이

뛰다

Đi chung xe
디 쭝 쌔

카풀하다

Chúng ta 교통수단(이동방법) **nhé.**
쭝 따 녜

우리 교통수단(이동방법) 합시다.

교통 장소

Trạm xe buýt
짬 쌔 부잇

버스정류장

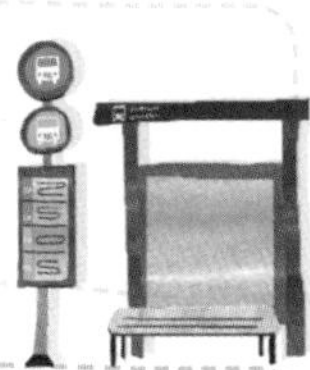

Ga tàu điện ngầm
가 따우 디엔 응엄

지하철역

Sân bay
썬 바이

공항

Bến xe
벤 쌔

터미널

Trạm xe buýt sân bay
짬 쌔 부잇 썬 바이

공항버스정류장

단어사용방법

Ở gần đây có 교통 장소 không?
어 건 더이 꼬 콩

근처에 교통 장소 가 있습니까?

교통 장소

Ga tàu hoả / Ga xe lửa
가 따우 호아 / 가 쌔 르어

기차역

Bãi đỗ xe / Bãi đậu xe
바이 도 쌔 / 바이 더우 쌔

주차장

Cửa hàng cho thuê xe máy
끄어 항 쪼 투에 쌔 마이

오토바이 대여점

Bến tàu
벤 따우

선착장

Cảng
깡

항구

단어사용방법

Ở gần đây không có 교통 장소 **.**
어 건 더이 콩 꼬

근처에 교통 장소 가 없습니다.

시간

Một tiếng
못 띠엥

1시간

Một giờ đồng hồ
못 져(여) 동 호

1시간

Một tiếng mười phút
못 띠엥 므어이 풋

1시간 10분

Một tiếng ba mươi phút
못 띠엥 바 므어이 풋

1시간 30분

Một tiếng rưỡi
못 띠엥 즈어이(르어이)

1시간 반

단어사용방법

Ít nhất là mất 시간 .
잇 녓 라 멋

최소 시간 은 걸립니다.

Một phút 못 풋	1분 동안
Năm phút 남 풋	5분 동안
Năm phút ba mươi giây 남 풋 바 므어이 져이(여이)	5분 30초 동안
Mười lăm phút 므어이 람 풋	15분 동안
Ba mươi phút 바 므어이 풋	30분 동안

단어사용방법

* **Phải đi khoảng** 시간 **.**
파이 디 코앙

대략 시간 가야 합니다.

외출 장소

Vườn bách thú
브언 바익(박) 투

동물원

Vườn bách thảo
브언 바익(박) 타오

식물원

Vũ trường
부 쯔엉

클럽

Viện bảo tàng
비엔 바오 땅

박물관

Khu trượt tuyết
쿠 쯔엇 뚜이엣

스키장

단어사용방법

Đi 외출 장소 **như thế nào?**
디 니으 테 나오

외출 장소 는 어떻게 갑니까?

외출 장소

Phòng bán vé
퐁 반 배

매표소

Quầy hướng dẫn
꾸어이 흐엉 전(연)

안내소

Thuỷ Cung
투이 꿍

아쿠아리움

Biệt thự
비엣 트

펜션

Khách sạn
카익(칵) 싼

호텔

외출 장소 **cách đây có xa không?**
까익(깍) 더이 꼬 싸 콩

외출 장소 는 여기서 멉니까?

도로 관련 장소

Đèn giao thông
댄 쟈오(야오) 통

신호등

Chỗ sang đường
쪼 쌍 드엉

횡단보도

Ngã tư
응아 뜨

사거리

Ngã ba
응아 바

삼거리

Cầu vượt đi bộ
꺼우 브엇 디 보

육교

단어사용방법

Đến 도로 관련 장소 **thì rẽ phải.**
덴 티 재(래) 파이

도로 관련 장소 에서 오른쪽으로 턴하세요.

월 일

방향

Phía trước
피어 쯔억

앞쪽

Phía sau
피어 싸우

뒤쪽

Bên trái
벤 짜이

왼쪽

Bên phải
벤 파이

오른쪽

Đối diện
도이 지엔(이엔)

맞은편

단어 사용 방법

Ở ngay 방향 .
어 응아이

바로 방향 에 있습니다.

방향

Phía đông
피어 동

동쪽

Phía tây
피어 떠이

서쪽

Phía nam
피어 남

남쪽

Phía bắc
피어 박

북쪽

Bên cạnh
벤 까잉(깐)

옆쪽

단어사용방법

Đi 방향 **trước.**
디 쯔억

먼저 방향 으로 가세요.

방향

월 일

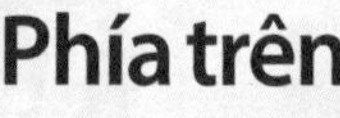

Phía trên
피어 쩬

위쪽

Phía dưới
피어 즈어이(이으어이)

아래쪽

Bên trong
벤 쫑

안쪽

Bên ngoài
벤 응오아이

바깥쪽

Chính diện
찡 지엔(이엔)

정면

Ở 방향 **nhà hàng này.**
어 냐 항 나이

이 식당 방향 에 있어요.

✔ 각 폴더 주제에 맞는 단어를 찾아 번호를 써 넣으세요.

딱 씨
❶ Tắc xi

피어 동
❷ Phía đông

바 므어이 풋
❸ Ba mươi phút

므어이 람 풋
❹ Mười lăm phút

썬 바이
❺ Sân bay

짬 쌔 부잇
❻ Trạm xe buýt

마이 바이
❼ Máy bay

못 띠엥
❽ Một tiếng

벤 파이
❾ Bên phải

도이 지엔(이엔)
❿ Đối diện

바이 도 쌔
⓫ Bãi đỗ xe

브언 바익(박) 투
⓬ Vườn bách thú

퐁 반 배
⓭ Phòng bán vé

따우 디엔 응엄
⓮ Tàu điện ngầm

비엔 바오 땅
⓯ Viện bảo tàng

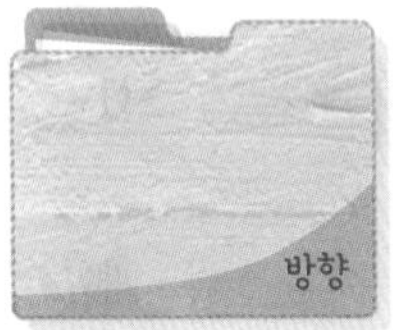

정답

외출 장소 – ⓬⓭⓯ | 방향 – ❷❾❿ | 교통수단 – ❶❼⓮
교통 장소 – ❺❻⓫ | 시간 – ❸❹❽

단어사용방법 문장들을 모아 회화 속으로 go! go!

쭝 따 디 방 지(이)
A Chúng ta đi bằng gì? 우리 뭐 타고 가나요?

쭝 따 디 방 따우 디엔 응엄 녜
B Chúng ta đi bằng tàu điện ngầm nhé.
우리 지하철 타고 가죠.

드억 어 건 더이 꼬 가 따우 디엔 응엄 콩
A Được, ở gần đây có ga tàu điện ngầm không?
좋아요, 근처에 지하철역이 있나요?

벙 꼬 아
B Vâng, có ạ. 네, 있어요.

쭝 따 디 멋 바오 러우
A Chúng ta đi mất bao lâu? 얼마나 가야 하나요?

잇 녓 라 멋 못 띠엥
B Ít nhất là mất một tiếng. 최소 한 시간은 걸려요.

교통수단

교통 장소

시간

– 1 –

단어사용방법 문장들을 모아 회화 속으로 go! go!

씬 쪼 또이 호이 디 브언 바익(박) 투 니으 테 나오

A Xin cho tôi hỏi, đi vườn bách thú như thế nào?

말씀 좀 여쭙겠습니다, 동물원에 어떻게 가나요?

덴 응아 뜨 티 재(래) 파이

C Đến ngã tư thì rẽ phải.

사거리에서 오른쪽으로 턴하세요.

어 응아이 벤 파이

Ở ngay bên phải.

바로 오른쪽에 있습니다.

깜 언

A Cám ơn. 감사합니다.

외출 장소

도로 관련 장소·방향

05 음식점

또 먹고 싶다~♥

Sáng
쌍

아침

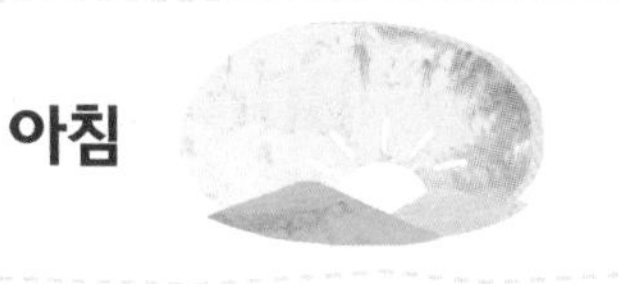

Tối
또이

저녁
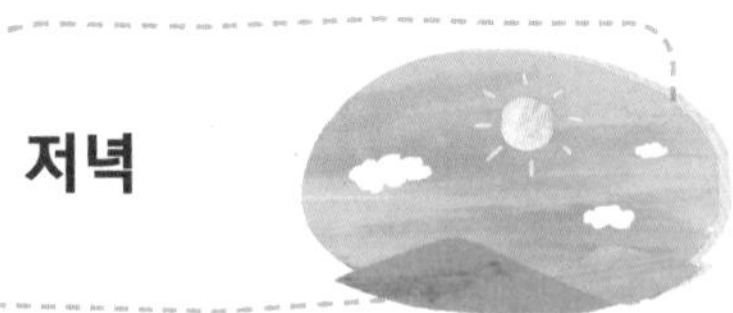

Sáng nay
쌍 나이

오늘 아침

Tối nay
또이 나이

오늘 저녁

Tối mai
또이 마이

내일 저녁

Cho tôi đặt bàn lúc tám giờ 때 **.**
쪼 또이 닷 반 룩 땀 져(여)

때 8시로 자리 예약 좀 부탁 드립니다.

월 일

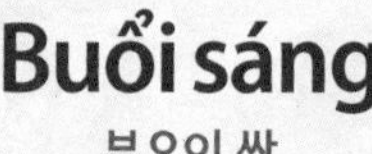

때

Buổi sáng
부오이 쌍

오전

Buổi chiều
부오이 찌에우

오후

Hôm nay
홈 나이

오늘

Ngày mai
응아이 마이

내일

Ngày kia
응아이 끼어

모레

단어사용방법

때 nhà hàng này mở cửa lúc mấy giờ?
냐 항 나이 머 끄어 룩 머이 져(여)

때 몇 시에 이 레스토랑은 문을 엽니까?

때

Hôm qua
홈 꾸아

어제

Mấy hôm trước
머이 홈 쯔억

며칠 전

Buổi trưa
부오이 쯔어

점심

Ban ngày
반 응아이

낮

Ban đêm
반 뎀

밤

단어사용방법

Tôi đã đặt 때 **rồi.**
또이 다 닷 조이(로이)

때 에 예약했습니다.

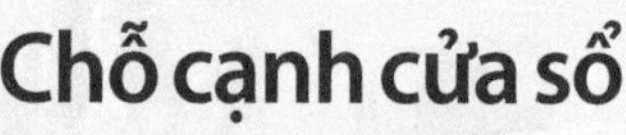

식당 좌석

Chỗ cạnh cửa sổ
쪼 까잉(깐) 끄어 쏘

창가 자리

Chỗ ở sảnh
쪼 어 싸잉(싼)

홀 자리

Chỗ yên tĩnh
쪼 이엔 띵

조용한 자리

Bàn
반

테이블

Chỗ có cảnh đẹp
쪼 꼬 까잉(깐) 댑

전망 좋은 자리

단어사용방법

Tôi có thể đặt 식당 좌석 **không?**
또이 꼬 테 닷 콩

식당 좌석 예약 가능 합니까?

식당 좌석

Phòng riêng biệt
퐁 지엥(리엥) 비엣

룸

Khu không hút thuốc
쿠 콩 훗 투옥

금연구역

Khu hút thuốc
쿠 훗 투옥

흡연구역

Sân thượng
썬 트엉

테라스

Phòng tiệc
퐁 띠엑

연회장

단어 사용방법

Hết chỗ ở 식당 좌석 **rồi.**
헷 쪼 어 조이(로이)

식당 좌석 은 예약이 끝났습니다.

식당 용품

Thực đơn
특 던

메뉴판

Biên lai
비엔 라이

계산서

Hoá đơn
호아 던

영수증

Thìa / Muỗng
티어 무옹

숟가락

Đũa
두어

젓가락

단어사용방법

* **Cho tôi** 식당 용품 .
쪼 또이

식당 용품 주세요.

식당 용품

Ống hút
옹 훗

빨대

Chén
짼

술잔

Bát
밧

그릇

Đĩa
디어

접시

Cốc / Ly
꼭 리

컵

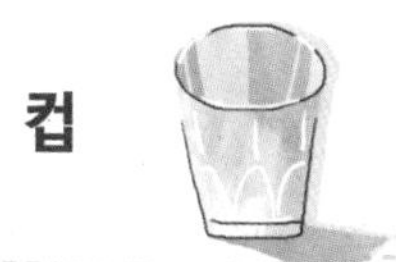

단어사용방법

Cho tôi thêm một cái 식당 용품 **nữa.**
쪼 또이 템 못 까이 느어

식당 용품 하나 더 주세요.

TIP: **chén** 술잔 : 남부에서 **bát** 밧 과 같이 '그릇'이라는 뜻이 있으나, 표준어에서 '술잔, 작은 잔'으로 쓰임.

식당 용품

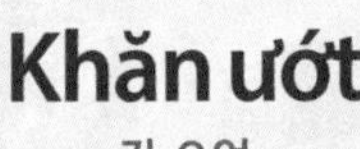

Khăn ướt
칸 으엇

물티슈

Khăn giấy
칸 져이(여이)

냅킨

Dĩa / Nĩa
지어(이어) 니어

포크

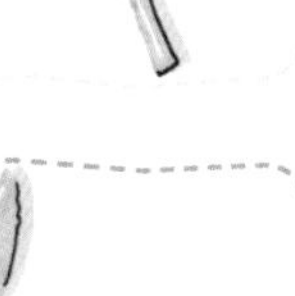

Dao
자오(야오)

나이프

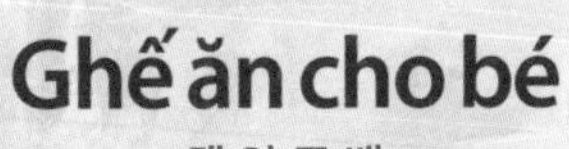

Ghế ăn cho bé
게 안 쪼 배

어린이 의자

Có 식당 용품 **không?**
꼬 콩

식당 용품 있습니까?

메뉴

월 일

Gà hầm sâm
가 험 썸

삼계탕

Món bulgogi
몬 불고기

불고기

Cơm trộn
껌 쫀

비빔밥

Bò bít tết
보 빗 뗏

스테이크

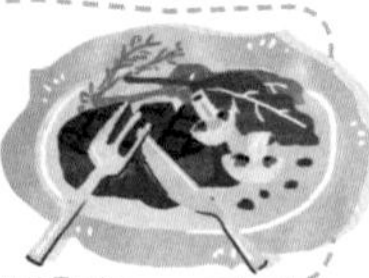

Gỏi cá
고이 까

생선회

단어사용방법

Món ăn đặc biệt hôm nay là 메뉴 **.**
몬 안 닥 비엣 홈 나이 라

오늘의 추천 메뉴는 메뉴 입니다.

월 일

Thịt chua ngọt
팃 쭈어 응옷

탕수육

Bánh gạo cay
바잉(반) 가오 까이

떡볶이

Canh tương đậu
까잉(깐) 뜨엉 더우

된장찌개

Thịt ba chỉ nướng
팃 바 찌 느엉

삼겹살

Bánh pizza
바잉(반) 피자

피자

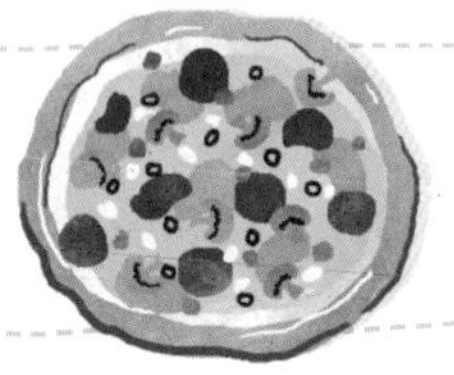

단어사용방법

Nhà hàng này 메뉴 **rất nổi tiếng.**
냐 항 나이 젓(럿) 노이 띠엥

이 식당은 메뉴 가 유명합니다.

월 일

메뉴

Cà ri
까 리

카레

Mì Ý
미 이

스파게티

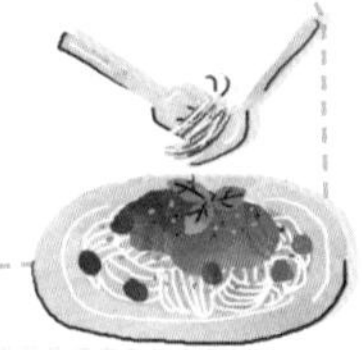

Thịt chiên xù
팃 찌엔 쑤

돈가스

Cơm cuộn
껌 꾸온

김밥

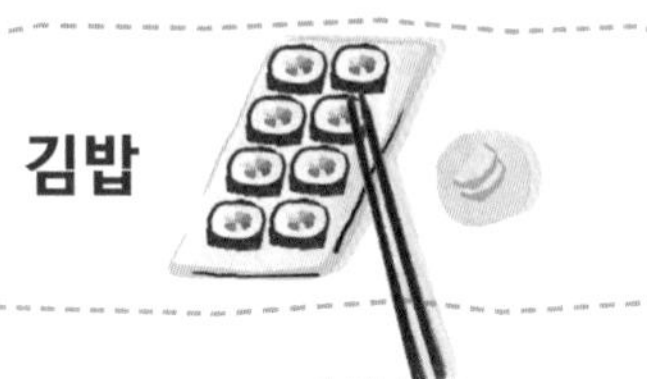

Mì lạnh
미 라잉(란)

냉면

단어사용방법

메뉴 **này rất ngon.**
나이 젓(럿) 응온

이 메뉴 는 맛있습니다.

메뉴

Hăm bơ gơ 함버거	햄버거
Bánh mì nướng 바잉(반) 미 느엉	토스트
Bánh gatô 바잉(반) 가또	케이크
Kem 깸	아이스크림
Bim bim khoai tây 빔 빔 코아이 떠이	감자칩

Tôi muốn ăn 메뉴 **.**
또이 무온 안

저는 메뉴 가 먹고 싶습니다.

Phở bò
퍼 보

소고기 쌀국수

Bún chả
분 짜

분짜

Bánh xèo
바잉(반) 쌔오

반 쌔오

Bánh mì
바잉(반) 미

반미
(베트남식 샌드위치)

Bún bò Huế
분 보 후에

분보후에
(후에 지역 쌀국수)

단어사용방법

Bạn đã từng ăn 베트남 메뉴 **bao giờ chưa?**
반 다 뜽 안 바오 져(여) 쯔어

당신은 베트남 메뉴 를 먹어 본적 있습니까?

Lẩu hải sản 러우 하이 싼	해산물 샤브샤브
Nem rán / Chả giò 냄 잔(란) 짜 조(요)	스프링롤 
Tôm nướng 똠 느엉	새우 구이
Gỏi cuốn 고이 꾸온	월남쌈 
Mì xào hải sản 미 싸오 하이 싼	해산물 볶음면

단어사용방법

Tôi chưa bao giờ ăn 베트남 메뉴 **.**
또이 쯔어 바오 져(여) 안

저는 베트남 메뉴 를 먹어 보지 못했습니다.

조리 방법

Xào 싸오	볶다
Nướng 느엉	굽다
Quay 꾸아이	통으로 굽다
Rán / Chiên 잔(란) 찌엔	튀기다
Đun sôi 둔 쏘이	끓이다

단어사용방법

조리 방법 **ạ.**
아

조리 방법 했습니다.

조리 방법

Luộc
루옥

삶다

Hấp
헙

찌다

Khô
코

졸이다

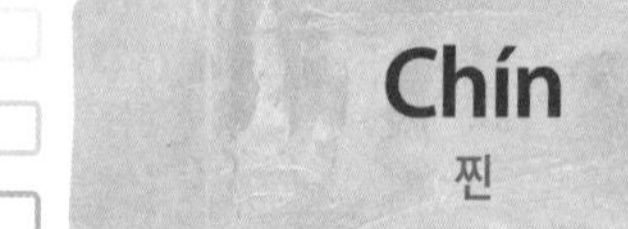

Chín
찐

익히다

Tái
따이

날것이다

Món này là thịt bò 조리 방법 **.**
몬 나이 라 팃 보

이것은 조리 방법 한 소고기입니다.

맛 표현

Nhạt
냣

싱겁다

Chua
쭈어

시다

Ngọt
응옷

달다

Ngấy
응어이

느끼하다

Cay
까이

맵다

단어사용방법

Đừng quá 맛 표현 **nhé.**
등 꾸아 녜

너무 맛 표현 하지 않게 해주세요.

맛 표현

Thanh đạm 타잉(탄) 담	담백하다
Chát 짯	떫다
Đắng 당	쓰다
Mặn 만	짜다
Bùi 부이	고소하다

단어사용방법

Món này 맛 표현 **quá.**
몬 나이 꾸아

이 음식은 매우 맛 표현 .

조미료

Mì chính 미 찡	조미료
Đường 드엉	설탕
Muối 무오이	소금
Giấm 점(염)	식초
Nước tương, Xì dầu 느억 뜨엉 씨 저우(여우)	간장

단어사용방법

Đừng cho 조미료 **vào.**
등 쪼 바오

조미료 넣지 마세요.

조미료·양념

Bột ớt
봇 엇

고춧가루

Gừng
긍

생강

Hạt tiêu
핫 띠에우

후추

Nước mắm
느억 맘

생선 소스

Mắm tôm
맘 똠

새우액젓

Cho nhiều 조미료·양념 **vào nhé.**
쪼 니에우 바오 녜

조미료·양념 많이 넣어 주세요.

향신료

Hương liệu
호엉 리에우

향신료

Quế
꾸에

계피 

Rau thơm
자우(라우) 텀

향채, 고수 

Hồi
호이

팔각향, 회향

Thảo quả
타오 꾸아

초과

단어사용방법

* **Tôi chưa quen ăn** 향신료 .
또이 쯔어 꾸앤 안

저는 향신료 먹는 것에 익숙하지 않습니다.

✔ 다음 글자 중 식당 물건과 관련된 단어들을 모두 찾아보세요.

특 Thực	까이 Cay	칸 Khăn	옹 Ống	당 Đắng
던 đơn	으엇 ướt	죠(요) Giò	느엉 Nướng	훗 hút
쭈어 Chua	퍼 Phở	응온 Ngon	짼 Chén	즈어우(르어우) rượu
분 Bún	칸 Khăn	만 Mặn	똠 Tôm	짜 Chả
져이(여이) g i ấ y	보 Bò	게 Ghế	안 ăn	쪼 cho bé

정답

Thực đơn | Khăn ướt | Ống hút | Chén rượu | Khăn giấy | Ghế ăn cho bé

예문 모아 모아

단어사용방법 문장들을 모아 회화 속으로 go! go!

쪼 또이 닷 반 룩 땀 져(여) 또이 나이

A **Cho tôi đặt bàn lúc tám giờ tối nay.**

오늘 저녁 8시로 자리 예약 좀 해주세요.

벙 아 머이 응으어이 아

B Vâng ạ, mấy người ạ? 네, 몇 분이세요?

본 응으어이 또이 꼬 테 닷 쪼 어 싸잉(싼) 콩

A Bốn người, **tôi có thể đặt chỗ ở sảnh không?**

4명이요, 홀 자리 예약 가능한가요?

자(야) 드억 아

B Dạ được ạ. 가능합니다.

쪼 또이 특 던

A **Cho tôi thực đơn.** 메뉴판 좀 주세요.

자(야) 더이 아

B Dạ, đây ạ. 여기 있습니다.

몬 닥 비엣 홈 나이 라 몬 지(이)

A Món đặc biệt hôm nay là món gì?

오늘의 추천 요리는 무엇인가요?

몬 안 닥 비엣 홈 나이 라 몬 불고기

B **Món ăn đặc biệt hôm nay là món bulgogi.**

오늘의 추천 메뉴는 불고기입니다.

– 1 –

때

식당 좌석

식당 용품

메뉴

예문 모아모아

단어사용방법 문장들을 모아 회화 속으로 go! go!

조리 방법

너우 니으 테 나오
A Nấu như thế nào? 요리 방법은요? (어떻게 만드나요?)

느엉 아
B Nướng ạ. 굽습니다.

맛 표현

등 꾸아 응옷 녜
A Đừng quá ngọt nhé. 너무 달지 않게 해 주세요.

벙 아
B Vâng ạ. 알겠습니다.

조미료

아 등 쪼 미 찡 바오
A À, đừng cho mì chính vào. 참, 조미료는 넣지 말아주세요.

떳 니엔 아 씬 쩌 못 쭛 아
B Tất nhiên ạ. Xin chờ một chút ạ. 당연하죠. 잠시만 기다리세요.

- 2 -

06 쇼핑

다~ 사줄테다! ♪♬

전자제품

Đồ điện tử 도 디엔 뜨	전자제품
Ti vi 띠 비	텔레비전 
Máy lạnh 마이 라잉(란)	에어컨
Máy giặt 마이 쟛(얏)	세탁기 
Tủ lạnh 뚜 라잉(란)	냉장고

전자제품 **ở đâu?**
어 더우

전자제품 은 어디에 있습니까?

전자제품

Máy vi tính
마이 비 띵

컴퓨터

Máy tính xách tay
마이 띵 싸익(싹) 따이

노트북

Lò nướng
로 느엉

오븐

Máy hút bụi
마이 훗 부이

청소기

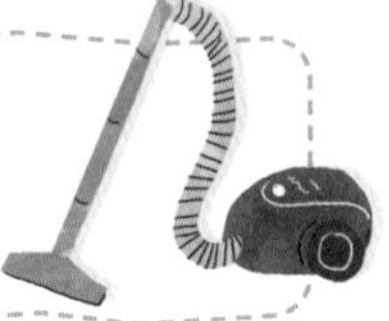

Đèn
댄

스탠드

단어사용방법

Tôi muốn mua 전자제품 **.**
또이 무온 무어

저는 전자제품 이 사고 싶습니다.

전자제품

Lò vi sóng 로 비 쏭	전자레인지
Máy xay sinh tố 마이 싸이 씽 또	믹서기
Nồi cơm điện 노이 껌 디엔	전기 밥솥
Quạt máy 꾸앗 마이	선풍기
Bếp ga 벱 가	가스레인지

전자제품 **ở đây.**
어 더이

전자제품 은 여기에 있습니다.

전자제품

Loa 로아	스피커
Máy lọc nước 마이 록 느억	정수기
Máy phun ẩm 마이 푼 엄	가습기
Máy sấy tóc 마이 써이 똑	헤어 드라이기
Bàn là 반 라	다리미

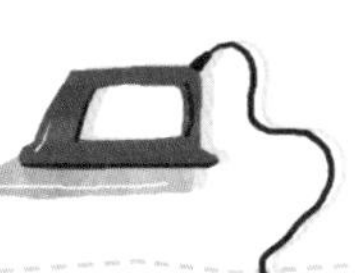

단어사용방법

* **Còn** 전자제품 **?**
꼰

전자제품 은요?

가구

Đồ nội thất
도 노이 텃

가구

Ghế sofa
게 소파

소파

Giường
즈엉(이으엉)

침대

Bàn
반

탁자

Tủ quần áo
뚜 꾸언 아오

옷장

ở đâu?
어 더우

가구 는 어디에 있습니까?

가구

Tủ sách
뚜 싸익(싹)

책장

Bàn trang điểm
반 짱 디엠

화장대

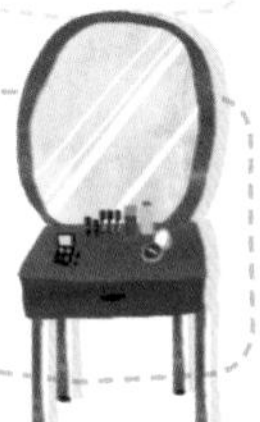

Kệ ti vi
께 띠 비

TV장

Ghế
게

의자

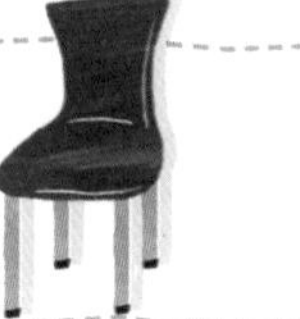

Bàn ăn
반 안

식탁

Có 가구 **nào kiểu khác không?**
꼬 나오 끼에우 칵 콩

다른 디자인의 가구 가 있습니까?

색상

Màu đỏ
마우 도
빨간색

Màu đen
마우 댄
검은색

Màu trắng
마우 짱
흰색

Màu xanh lục
마우 싸잉(싼) 룩
초록색

Màu vàng
마우 방
노란색

Màu xanh lam
마우 싸잉(싼) 람
파란색

Màu xám
마우 쌈
회색

Màu tím
마우 띰
보라색

Màu hồng
마우 홍
분홍색

Màu quả đào
마우 꾸아 다오
복숭아색

단어 사용방법

Có cái 색상 không?
꼬 까이 콩

색상 있습니까?

색상

Màu vàng đậm
마우 방 덤
금색

Màu bạc
마우 박
은색

Màu cam
마우 깜
주황색

Màu ngà
마우 응아
상아색

Màu nâu
마우 너우
갈색

Màu chàm
마우 짬
남색

Màu nhạt
마우 냣
연한 색

Màu đậm
마우 덤
진한 색

Màu tối
마우 또이
어두운 색

Màu sáng
마우 쌍
밝은 색

단어 사용방법

Không có cái 색상 **.**
콩 꼬 까이

색상 은 없습니다.

형상 묘사

Lớn, To
런 또

크다

Nhỏ
뇨

작다

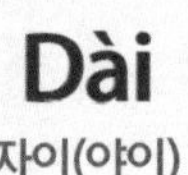

Dài
자이(야이)

길다

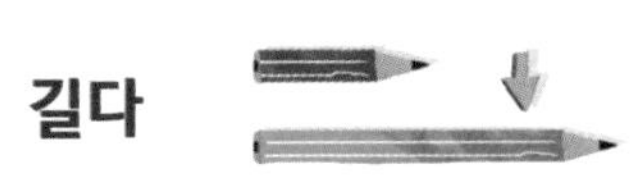

Ngắn
응안

짧다

Hàng mới
항 머이

신상품인

Có cái nào 형상 묘사 **hơn không?**
꼬 까이 나오 헌 콩

더 형상 묘사 한 것은 없습니까?

형상 묘사

Mới
머이

새 것의

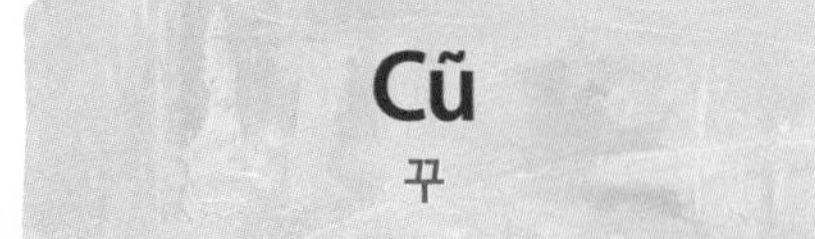

Cũ
꾸

헌 것의

Cỡ lớn
꺼 런

라지 사이즈

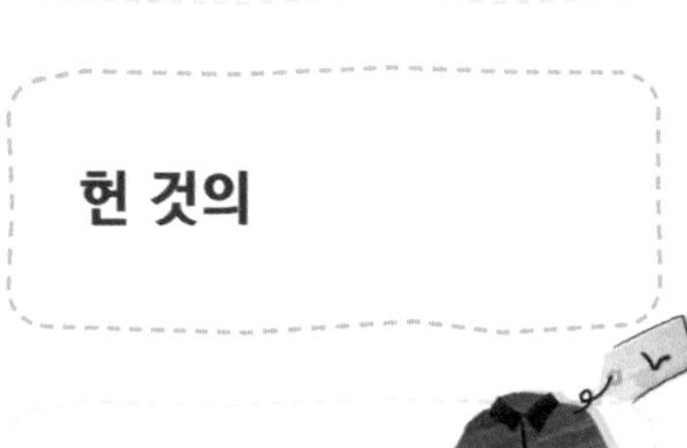

Cỡ vừa
꺼 브어

미들 사이즈

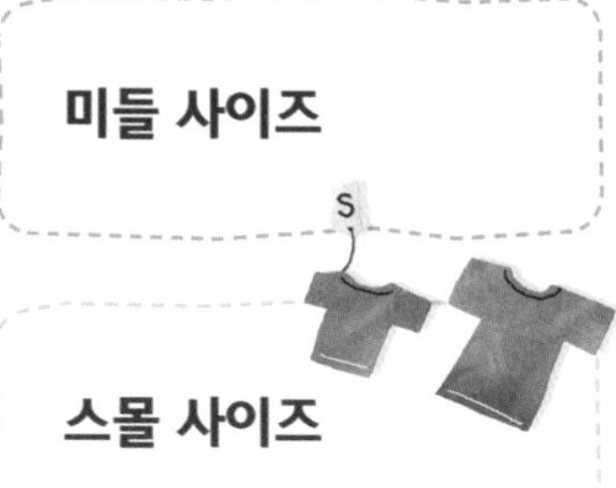

Cỡ nhỏ
꺼 뇨

스몰 사이즈

단어사용방법

Không có cái 형상 묘사 .
콩 꼬 까이

형상 묘사 는 없습니다.

형상 묘사

Đắt
닷

비싸다

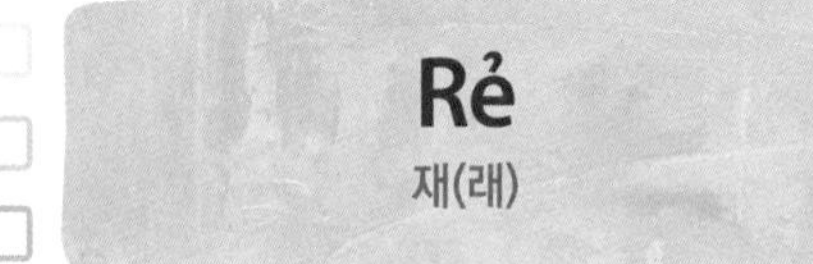

Rẻ
재(래)

싸다

Nhẹ
녜

가볍다

Nặng
낭

무겁다

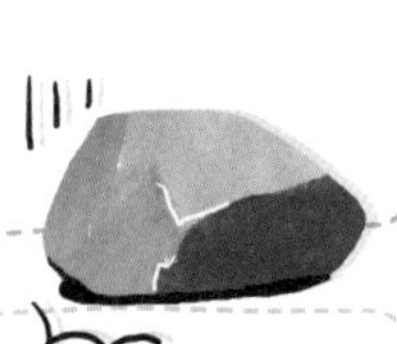

Mốt
못

유행하는

Cái này 형상 묘사 **nhất.**
까이 나이 녓

이것은 가장 형상 묘사 한 것입니다.

의류

Quần áo
꾸언 아오

옷

Áo sơ mi
아오 써 미

셔츠

Quần
꾸언

바지

Chân váy
쩐 바이

치마

Váy đầm, Váy liền
바이 덤 바이 리엔

원피스

단어사용방법

Ở đây, tôi có thể mua được 의류 **không?**
어 더이 또이 꼬 테 무어 드억 콩

이곳에서 의류 를 구매할 수 있습니까?

의류

Áo thun, Áo phông
아오 툰 아오 퐁

티셔츠

Áo khoác
아오 코악

코트

Quần bò
꾸언 보

청바지

Áo vest
아오 베스트

양복

Đầm dạ hội
덤 자(야) 호이

드레스

Tôi muốn mua 의류 .
또이 무온 무어

저는 의류 를 사고 싶습니다.

의류

Áo lót 아오 롯	속옷
Áo len 아오 랜	스웨터
Quần legging 꾸언 레깅	레깅스
Bikini 비끼니	비키니
Đồ bơi 도 버이	수영복

단어사용방법

Có 의류 **màu đỏ không?**
꼬 마우 도 콩

빨간색 의류 가 있습니까?

월 일

의류

Áo jacket
아오 자껫

재킷

Đồ thể thao
도 테 타오

트레이닝복

Quần soóc
꾸언 쏘옥

반바지

Áo gilê
아오 질레

조끼

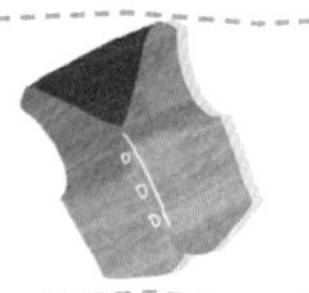

Lễ phục
레 풉

예복

단어사용방법

의류 **ở kia.**
어 끼어

의류 는 저쪽에 있습니다.

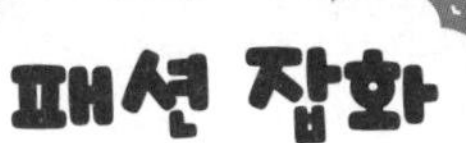

Đồ trang sức
도 짱 쓱

액세서리

Hoa tai
호아 따이

귀걸이

Dây chuyền
저이(여이) 쭈이엔

목걸이

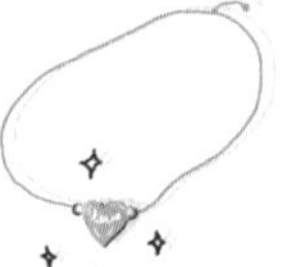

Nhẫn
년

반지

Kính râm
낑 점(럼)

선글라스

Còn 패션 잡화 ?
꼰

패션 잡화 는요?

패션 잡화

Mũ / Nón
무 논

모자

Cà vạt
까 밧

넥타이

Găng tay
강 따이

장갑

Túi xách
뚜이 싸익(싹)

가방

Khăn quàng cổ
칸 꾸앙 꼬

스카프

Có cái 패션 잡화 **kiểu khác không?**
꼬 까이 끼에우 칵 콩

다른 디자인의 패션 잡화 는 없습니까?

잡화

Giày công sở
자이(야이) 꽁 써

구두

Dép xăng đan
잽(얩) 쌍 단

샌들

Dây thắt lưng
저이(여이) 탓 릉

벨트

Nệm ghế
넴 게

방석
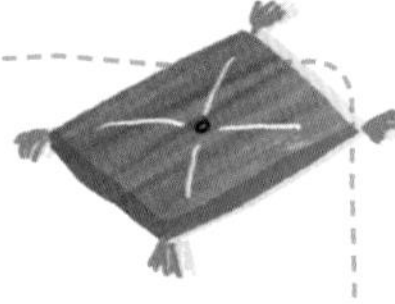

Cắt móng tay
깟 몽 따이

손톱깎이

단어사용방법

Ở cửa hàng này không có 잡화 **.**
어 끄어 항 나이 콩 꼬

우리 상점에는 잡화 가 없습니다.

결제방법

Thẻ tín dụng
태 띤 중(용)

신용카드

Tiền mặt
띠엔 맛

현금

Thẻ ghi nợ
태 기 너

체크카드

Ngân phiếu
응언 피에우

수표

Phiếu quà tặng
피에우 꾸아 땅

상품권

* **Tôi trả bằng** 결제방법 .
또이 짜 방

결제방법 으로 계산하겠습니다.

결제방법

Đô la Mỹ
돌 라 미

달러 

Tiền Việt
띠엔 비엣

동화

Tiền Won
띠엔 원

원화

Euro
어로

유로화

Tiền yên Nhật
띠엔 이엔 녓

엔화 

단어사용방법

* **Tôi có thể thanh toán bằng** 결제방법 **không?**
  또이 꼬 테 타잉(탄) 또안 방 콩

결제방법 으로 결제 가능합니까?

결제 표현

월 일

Đặt hàng
닷 항

예약 주문하다

Giao hàng
쟈오(야오) 항

택배로
배달하다

Chuyển khoản
쭈이엔 코안

계좌 이체하다

Đóng gói riêng
동 고이 지엥(리엥)

개별
포장하다

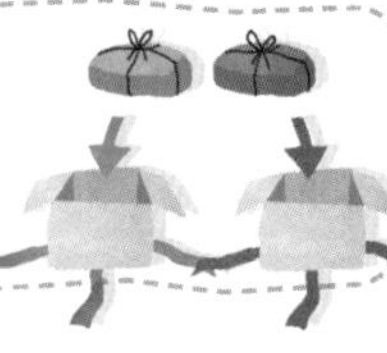

Trả sau
짜 싸우

착불로 하다

단어사용방법

Có thể 결제 표현 không?
꼬 테 콩

결제 표현 가능합니까?

결제 표현

Trả góp
짜 곱

할부

Bớt
벗

세일하다, 할인하다

Trả hàng
짜 항

반품하다

Hoàn tiền
호안 띠엔

환불하다

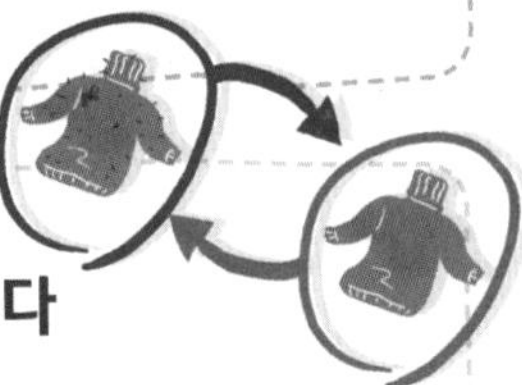

Đổi
도이

교환하다

단어사용방법

결제 표현 **được không?**
드억 콩

결제 표현 가능합니까?

✔ 무지개 색깔 순서에 맞게 베트남어 단어를 찾아 써보세요.

마이 비 띵
Máy vi tính

마우 싸잉(싼) 람
Màu xanh lam

무
Mũ

마우 도
Màu đỏ

마우 짬
Màu chàm

댄
Đèn

마우 깜
Màu cam

마우 홍
Màu hồng

게
Ghế

마우 방
Màu vàng

재(래)
Rẻ

마우 싸잉(싼) 룩
Màu xanh lục

바이 덤
Váy đầm

마우 띰
Màu tím

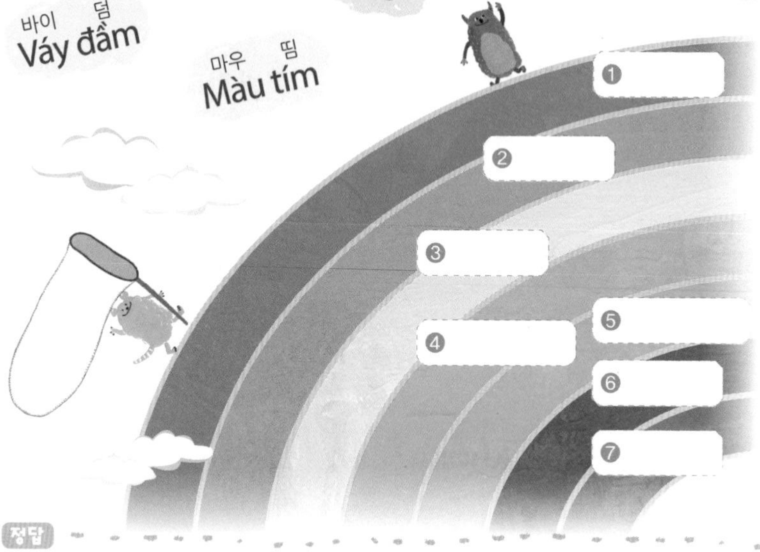

❶

❷

❸

❹

❺

❻

❼

정답

❶ Màu đỏ ❷ Màu cam ❸ Màu vàng ❹ Màu xanh lục ❺ Màu xanh lam
❻ Màu chàm ❼ Màu tím

예문 모아모아

단어사용방법 문장들을 모아 회화 속으로 go! go!

마이 쟛(얏) 어 더우
A Máy giặt ở đâu? 세탁기는 어디에 있나요?

도 디엔 뜨 어 떵 하이 아
B Đồ điện tử ở tầng hai ạ. 전자제품은 2층에 있습니다.

전자제품

게 소파 어 더우
A Ghế sofa ở đâu? 소파는 어디에 있나요?

도 노이 텃 어 떵 본 아
B Đồ nội thất ở tầng bốn ạ. 가구는 4층에 있습니다.

가구

게 소파 나이 꼬 까이 마우 짱 콩
A Ghế sofa này có cái màu trắng không? 이 소파는 흰색 있나요?

꼬 아 찌 틱 로아이 나오 아
B Có ạ. Chị thích loại nào ạ? 있습니다. 어떤 종류를 원하십니까?

색상

꼬 까이 나오 런 헌 콩
A Có cái nào lớn hơn không? 더 큰 건 없나요?

자(야) 콩 아
B Dạ, không ạ. 없습니다.

형상묘사

– 1 –

예문 모아모아

단어사용방법 문장들을 모아 회화 속으로 go! go!

어 더이 또이 꼬 테 무어 드억 꾸언 아오 콩
A **Ở đây, tôi có thể mua được quần áo không?**
이곳에서 옷을 구매할 수 있나요?

자(야) 드억 아 어 떵 바 아
B **Dạ, được ạ. Ở tầng ba ạ.** 가능합니다, 3층에 있습니다.

꼰 도 짱 쓱
A **Còn đồ trang sức?** 액세서리는요?

자(야) 더이 아
B **Dạ đây ạ.** 여기에 있습니다.

또이 짜 방 띠엔 맛
A **Tôi trả bằng tiền mặt.** 현금으로 결제할게요.

벙 아
B **Vâng ạ.** 알겠습니다.

꼬 테 동 고이 지엥(리엥) 콩
A **Có thể đóng gói riêng không?** 따로 포장 가능한가요?

떳 니엔 라 드억 아
B **Tất nhiên là được ạ.** 당연히 됩니다.

의류

패션 잡화

결제 방법

결제 표현

- 2 -

07 슈퍼마켓

말랑이는 장보기 놀이 중~

과일

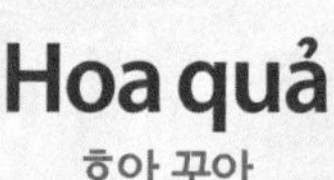

Hoa quả
호아 꾸아

과일

Táo
따오

사과

Dưa hấu
즈어(이으어) 허우

수박

Nho
뇨

포도

Dâu tây
저우(여우) 떠이

딸기

단어사용방법

Ở đây có 과일 **không?**
어 더이 꼬 콩

여기에 과일 있습니까?

과일

월 일

Dưa lưới 즈어(이으어) 르어이	멜론
Xoài 쏘아이	망고 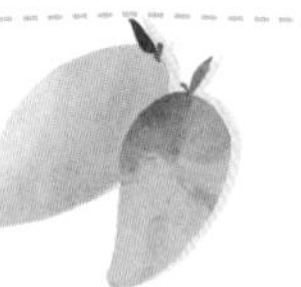
Lê 레	배
Hồng 홍	감
Kiwi 키위	키위 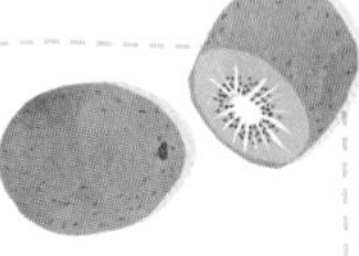

단어사용방법

- 과일 **có ngon không?**
  꼬 응온 콩

  과일 은 맛있습니까?

과일

Chuối
쭈오이

바나나

Cam
깜

오렌지

Đào
다오

복숭아

Dứa / Thơm
조어(이으어) 텀

파인애플

Quýt
꾸잇

귤

Mùa này 과일 ngon lắm.
무어 나이 응온 람

이 계절에는 과일 이 매우 맛있습니다.

야채

Rau 자우(라우)	채소, 야채
Cải thảo 까이 타오	배추
Bí đỏ 비 도	호박
Cà rốt 까 좃(롯)	당근
Ớt 엇	고추

단어사용방법

야채 **ở đâu?**
어 더우

야채 는 어디에 있습니까?

야채

Củ cải
꾸 까이

무

Cần tây
껀 떠이

샐러리

Ớt chuông
엇 쭈옹

피망

Cà chua
까 쭈어

토마토

Súp lơ
쑵 러

브로콜리

단어사용방법

Hôm nay 야채 **rẻ.**
홈 나이 재(래)

오늘은 야채 가 저렴합니다.

야채

Ngô
응오

옥수수

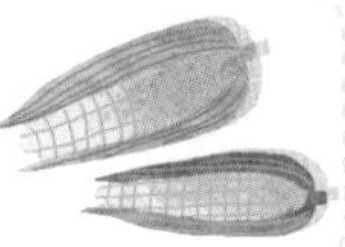

Cải bắp
까이 밥

양배추

Khoai lang
코아이 랑

고구마

Khoai tây
코아이 떠이

감자

Nấm
넘

버섯

단어사용방법

Tôi định mua một ít 야채 **.**
또이 딩 무어 못 잇

저는 야채 를 좀 사려고 합니다.

야채

월 일

Dưa chuột
즈어(이으어) 쭈옷

오이

Tỏi
또이

마늘

Hành
하잉(한)

파

Cà tím
까 띰

가지

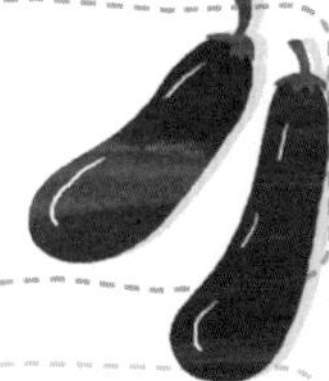

Hành tây
하잉(한) 떠이

양파

단어사용방법

Tôi không ăn được 야채 **.**
또이 콩 안 드억

저는 야채 를 못 먹습니다.

육류

Thịt bò
팃 보

소고기

Thịt lợn / Thịt heo
팃 런 / 팃 해오

돼지고기

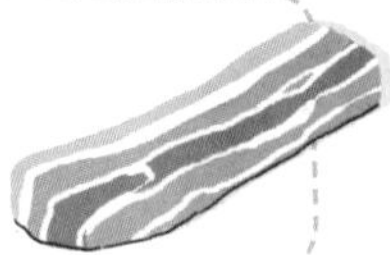

Thịt dê
팃 제(이에)

염소고기

Thịt gà
팃 가

닭고기

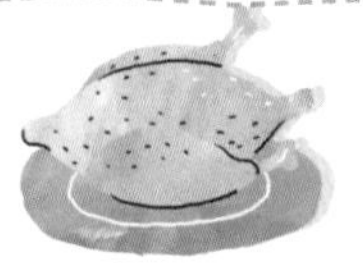

Thịt vịt
팃 빗

오리고기

단어사용방법

Một cân 육류 **bao nhiêu tiền?**
못 껀 바오 니에우 띠엔

육류 1킬로에 얼마입니까?

육류

월 일

Thịt 팃	고기
Trứng 쯩	달걀 
Sườn 쓰언	갈비 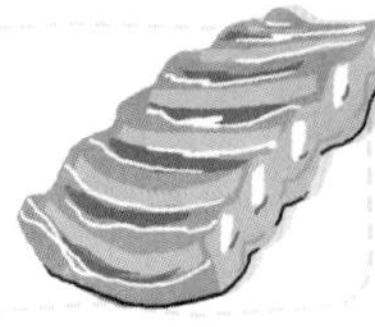
Cánh gà 까잉(깐) 가	닭 날개
Ức gà 윽 가	닭 가슴살

육류 **nên nấu như thế nào?**
넨 너우 니으 테 나오

육류 는 어떻게 요리해야 합니까?

견과류

Hạnh nhân
하잉(한) 년

아몬드

Hạt dẻ cười
핫 재(이애) 끄어이

피스타치오

Hạt mắc ca
핫 막 까

마카다미아

Hạt điều
핫 디에우

캐슈너트

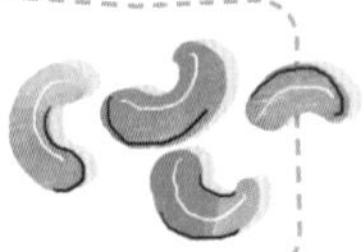

Lạc
락

땅콩

단어사용방법

* **Tôi bị dị ứng** 견과류 **.**
또이 비 지(이) 응

저는 견과류 에 알레르기가 있습니다.

견과류

Các loại hạt
깍 로아이 핫

견과류

Hạt hướng dương
핫 흐엉 즈엉(이으엉)

해바라기씨

Hạt dẻ
핫 재(이애)

밤

Quả hồ đào pê can
꾸아 호 다오 페 깐

피칸

Quả óc chó
꾸아 옥 쪼

호두

단어사용방법

Bạn có thích 견과류 **không?**
반 꼬 틱 콩

당신은 견과류 를 좋아합니까?

해산물

Hải sản
하이 싼

해산물

Cá
까

생선

Tôm
똠

새우

Cua
꾸어

게

Bạch tuộc
바익(박) 뚜옥

문어

해산물 **có tươi không?**
꼬 뜨어이 콩

해산물 은 신선합니까?

해산물

Mực
믁

오징어

Tôm hùm
똠 훔

랍스터

Cua hoàng đế
꾸어 호앙 데

킹크랩

Con lươn
꼰 르언

장어

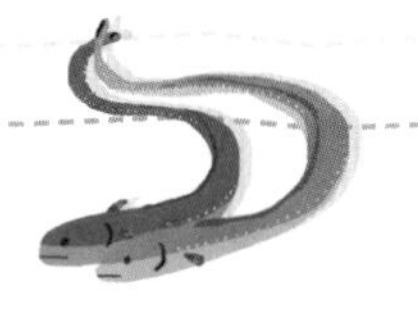

Cá bơn
까 번

광어

해산물 **bán thế nào?**
반 테 나오

해산물 은 어떻게 팝니까? (얼마입니까?)

해산물

Cá thu
까 투

고등어

Cá thu đao
까 투 다오

꽁치

Cá hố
까 호

갈치

Cá ngừ
까 응으

참치

Cá hồi
까 호이

연어

단어사용방법

Hôm nay 해산물 **tươi hơn.**
홈 나이 뜨어이 헌

오늘은 해산물 이 더 신선합니다.

해산물

월 일

Sò
쏘

조개

Hàu
하우

굴

Sò điệp
쏘 디엡

가리비

Bào ngư
바오 응으

전복

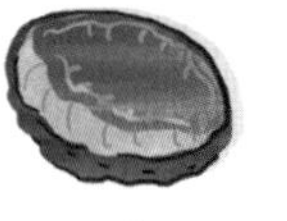

Ốc
옥

골뱅이

단어사용방법

Tôi không thích 해산물 .
또이 콩 틱

저는 해산물 을 싫어합니다.

음료

Đồ uống
도 우옹

음료

Nước suối
느억 쑤오이

생수

Sữa
쓰어

우유

Sữa chua uống
쓰어 쭈어 우옹

요구르트

Nước hoa quả
느억 호아 꾸아

주스

단어사용방법

Tôi phải mua vài chai 음료 **.**
또이 파이 무어 바이 짜이

저는 음료 몇 병을 사야 합니다.

음료

Cô ca
꼬 까

콜라

Nước ngọt Sprite
느억 응옷 스프라이트

스프라이트

Nước có ga
느억 꼬 가

탄산수

Cà phê
까 페

커피

Trà sữa
짜 쓰어

밀크티

단어사용방법

Tôi muốn uống 음료 .
또이 무온 우옹

저는 음료 가 마시고 싶습니다.

음료

Trà
짜

차

Trà thanh yên
짜 타잉(탄) 이엔

유자차

Trà chanh
짜 짜잉(짠)

레몬차

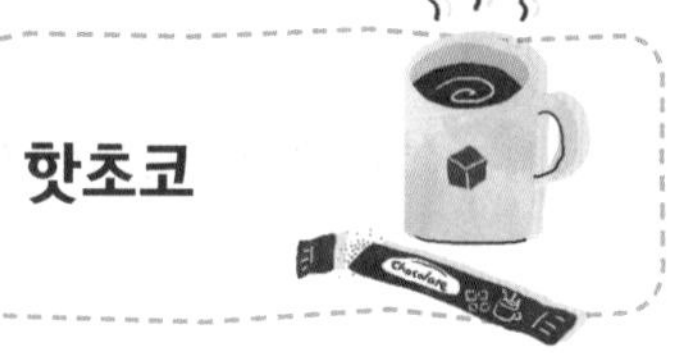

Sô-cô-la nóng
쏘-콜-라 농

핫초코

Sinh tố
씽 또

스무디

단어사용방법

* Cho tôi một cốc / ly 음료 .
  쪼 또이 못 꼭 리

음료 한 잔 주세요.

TIP: '컵'의 북부 / 남부 단어 쓰임 구분 : 북부 'cốc' 꼭 / 남부 'ly' 리

월 일

주류

Rượu
즈어우(르어우)

주류

Rượu vang
즈어우(르어우) 방

와인

Bia
비어

맥주

Rượu nếp mới
즈어우(르어우) 넵 머이

넵머이주

So-ju
소-주

소주

Không có 주류 **à?**
콩 꼬 아

주류 는 없습니까?

주류

Rượu gạo Hàn Quốc
즈어우(르어우) 가오 한 꾸옥
막걸리

Rượu Tây
즈어우(르어우) 떠이
양주

Rượu Whisky
즈어우(르어우) 위스키
위스키

Rượu Cocktail
즈어우(르어우) 칵테일
칵테일

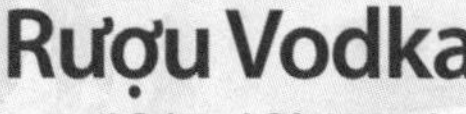

Rượu Vodka
즈어우(르어우) 보드카
보드카

주류 **đã bán hết rồi.**
다 반 헷 조이(로이)

주류 는 모두 판매 되었습니다.

✔ 제시된 베트남어에 맞는 그림을 그려보세요.

쭈오이 **Chuối**	꾸아 옥 쪼 **Quả óc chó**
넘 **Nấm**	느억 호아 꾸아 **Nước hoa quả**
비어 **Bia**	똠 **Tôm**

정답

Chuối 바나나 | Quả óc chó 호두 | Nấm 버섯 | Nước hoa quả 주스 | Bia 맥주 | Tôm 새우

예문 모아모아

단어사용방법 문장들을 모아 회화 속으로 go! go!

어 더이 꼬 따오 콩
A Ở đây có táo không? 여기 사과 있나요?

꼬 아잉(안) 껀 머이 꾸아 아
B Có, anh cần mấy quả ạ? 네 있습니다, 몇 개 필요하세요?

과일

쪼 또이 바 꾸아 까 롯(롯) 어 더우
A Cho tôi ba quả. Cà rốt ở đâu? 3개 주세요. 당근은 어디에 있나요?

어 당 끼어 아
B Ở đằng kia ạ. 저기 있습니다.

야채

못 껀 팃 보 바오 니에우 띠엔
A Một cân thịt bò bao nhiêu tiền? 소고기 1킬로에 얼마예요?

못 짬 하이 므어이 응인 동 아
B Một trăm hai mươi nghìn đồng ạ. 1킬로에 12만동입니다.

육류

아잉(안) 콩 껀 무어 깍 로아이 핫 아
B Anh không cần mua các loại hạt ạ?
견과류는 필요 없으십니까?

또이 비 지(이) 응 락
A Tôi bị dị ứng lạc. 저는 땅콩 알레르기가 있습니다.

견과류

- 1 -

단어사용방법 문장들을 모아 회화 속으로 go! go!

똠 꼬 뜨어이 콩
A Tôm có tươi không? 새우는 신선한가요?

홈 나이 믁 뜨어이 헌 아
B Hôm nay mực tươi hơn ạ. 오늘은 오징어가 더 신선합니다.

아 파이 조이(로이), 또이 파이 무어 바이 짜이 느억 쑤오이
A À phải rồi, tôi phải mua vài chai nước suối.
맞다, 저 생수 몇 병 사야 해요.

도 우옹 어 당 나이 아
B Đồ uống ở đằng này ạ. 음료는 이쪽에 있습니다.

콩 꼬 즈어우(르어우) 방 아
A Không có rượu vang à? 와인은 없나요?

즈어우(르어우) 방 다 반 헷 조이(로이) 아
B Rượu vang đã bán hết rồi ạ. 와인은 모두 판매 되었습니다.

해산물

음료

주류

- 2 -

08 병원·약국

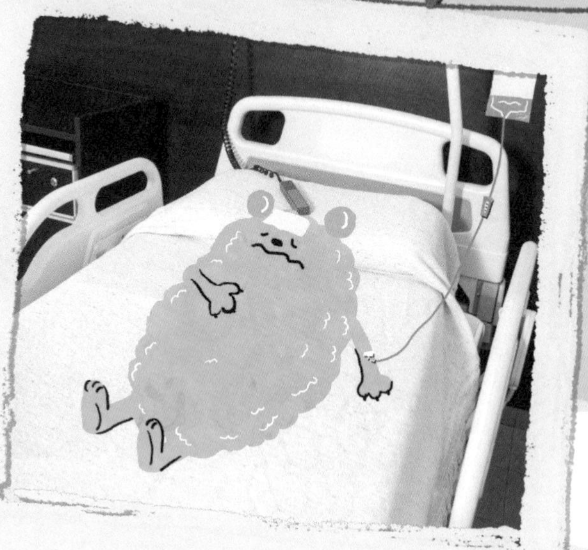

말랑이가 아파요... ㅠ.ㅜ

신체부위

월 일

Đầu 더우	머리
Mắt 맛	눈
Bụng 붕	배 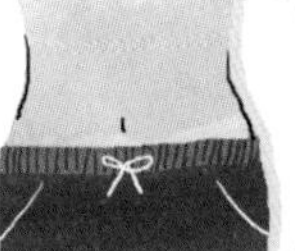
Tai 따이	귀 
Bàn chân 반 쩐	발 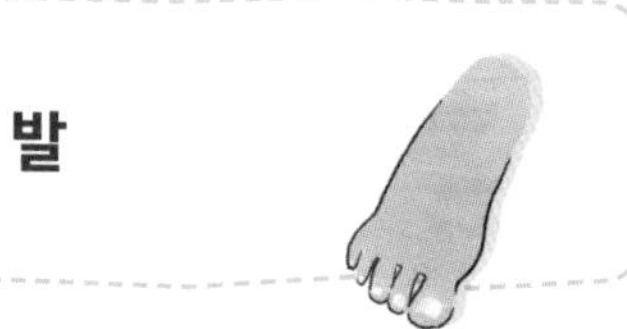

단어사용방법

Tôi bị đau 신체부위 **.**
또이 비 다우

신체부위 가 아픕니다.

신체부위

Toàn thân 또안 턴	전신, 온몸
Chân 쩐	다리
Răng 장(랑)	치아 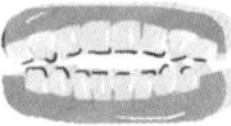
Vai 바이	어깨
Cánh tay 까잉(깐) 따이	팔

단어사용방법

신체부위 **của tôi rất đau.**
꾸어 또이 젓(럿) 다우

신체부위 가 많이 아픕니다.

신체부위

월 일

Họng
홍

목(구멍)

Cổ
꼬

목

Đầu gối
더우 고이

무릎

Ngón tay
응온 따이

손가락

Ngón chân
응온 쩐

발가락

단어사용방법

신체부위 **của tôi khó chịu.**
꾸어 또이 코 찌우

신체부위 가 불편합니다.

신체부위

Eo
애오

허리

등

Da
자(야)

피부

코

Ngực
응윽

가슴

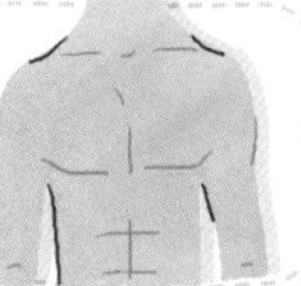

신체부위 **vẫn còn đau à?**
반 꼰 다우 아

신체부위 가 아직도 아픕니까?

신체부위

월 일

Mặt
맛

얼굴

Trán
짠

이마

Miệng
미엥

입

Hông, Mông
홍 몽

엉덩이

Cổ tay
꼬 따이

손목

단어사용방법

Tôi bị thương ở 신체부위 **.**
또이 비 트엉 어

신체부위 를 다쳤습니다.

신체 증상

Sổ mũi 쏘 무이	콧물 흘리다
Sốt 쏫	열나다
Chóng mặt 쫑 맛	어지럽다
Khó tiêu 코 띠에우	소화불량
Buồn nôn 부온 논	메스껍다

단어사용방법

Anh bị 신체 증상 **phải không?**
아잉(안) 비 파이 콩

당신(남성)은 신체 증상 합니까?

신체 증상

Dị ứng
지(이) 응

알레르기

Viêm mũi
비엠 무이

비염

Viêm dạ dày
비엠 자(야) 자이(야이)

위염

Mất ngủ
멋 응우

불면증

Đau bụng kinh
다우 붕 낑

생리통

Chị có bị 신체 증상 **không?**
찌 꼬 비 콩

당신(여성)은 신체 증상 이 있습니까?

신체 증상

Ho
호

기침하다

Hắt hơi
핫 허이

재채기하다

Tiêu chảy
띠에우 짜이

설사하다

Nôn
논

토하다

Tê buốt, Chuột rút
떼 부옷 쭈옷 줏(룻)

저리다, 쥐나다

단어사용방법

Tôi cũng bị 신체 증상 **nữa.**
또이 꿍 비 느어

저는 신체 증상 도 합니다.

신체 증상

Cảm cúm
깜 꿈

감기

Cao huyết áp
까오 후엣 압

고혈압

Đau ruột thừa
다우 주옷(루옷) 트어

맹장염

Ngộ độc thức ăn
응오 독 특 안

식중독

Say nắng
싸이 낭

열사병
(더위 먹다)

Anh bị 신체 증상 **à?**
아잉(안) 비 아

당신(남성)은 신체 증상 입니까?

상해

Bị bỏng
비 봉

화상을 입다

Bị bầm tím
비 범 띰

타박상을 입다

Bị trầy xước
비 쩌이 쓰억

찰과상을 입다

Bị trật khớp
비 쩟 컵

삐다, 접질리다

Bị gãy xương
비 가이 쓰엉

골절되다

단어사용방법

Tôi đã 상해 .
또이 다

저는 상해 했습니다.

검사 및 처치

Uống thuốc
우옹 투옥

약 먹다

Tiêm
띠엠

주사 맞다

Đo nhiệt độ
도 니엣 도

체온을 재다

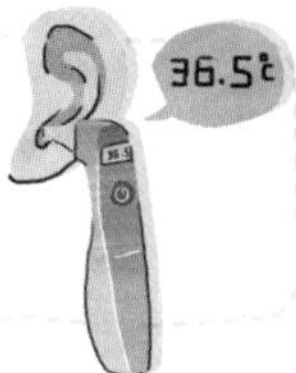

Chụp X quang
쭙 익 꾸앙

엑스레이 찍다

Khử trùng vết thương
크 쭝 벳 트엉

상처를 소독하다

단어사용방법

Anh phải 검사 및 처치 **.**
아잉(안) 파이

당신(남성)은 검사 및 처치 해야 합니다.

Đăng ký khám 당 끼 캄	접수하다
Khám 캄	진료받다
Nhập viện 녑 비엔	입원하다
Xuất viện 쑤엇 비엔	퇴원하다
Kiểm tra cơ thể 끼엠 짜 꺼 테	신체 검사하다

Bây giờ tôi có thể 검사 및 처치 **không?**
버이 저(여) 또이 꼬 테 콩

지금 저는 검사 및 처치 할 수 있습니까?

검사 및 처치

Khâu vết thương
커우 벳 트엉

상처를 꿰매다

Truyền nước
쭈엔 느억

링거 맞다

Bó bột
보 봇

깁스하다

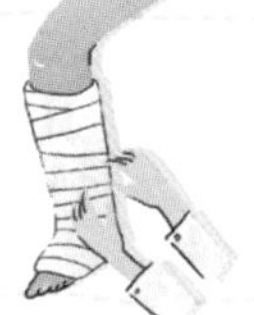

Phẫu thuật
퍼우 투엇

수술하다

Nhổ răng
뇨 장(랑)

발치하다

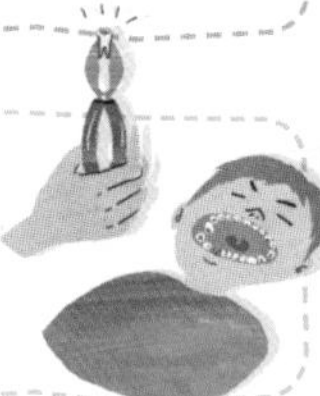

단어사용방법

Anh hãy đến bệnh viện 검사 및 처치 **đi.**
아잉(안) 하이 덴 베잉(벤) 비엔 디

당신(남성)은 병원 가서 검사 및 처치 를 하세요.

약

Thuốc cảm cúm
투옥 깜 꿈

감기약

Thuốc tiêu hóa
투옥 띠에우 호아

소화제

Thuốc chống say
투옥 쫑 싸이

멀미약

Băng y tế
방 이 떼

반창고

Thuốc nhỏ mắt
투옥 뇨 맛

안약

단어사용방법

Tôi định mua 약 **.**
또이 딩 무어

저는 약 을 사려고 합니다.

약

Thuốc sát trùng
투옥 쌋 쭝

소독약

Thuốc mỡ
투옥 머

연고

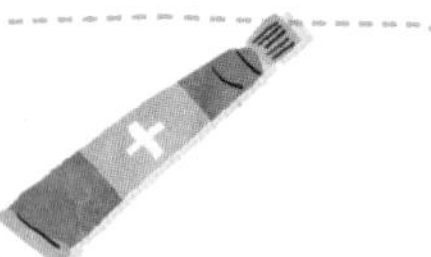

Cao dán
까오 잔(얀)

파스

Bông băng
봉 방

붕대

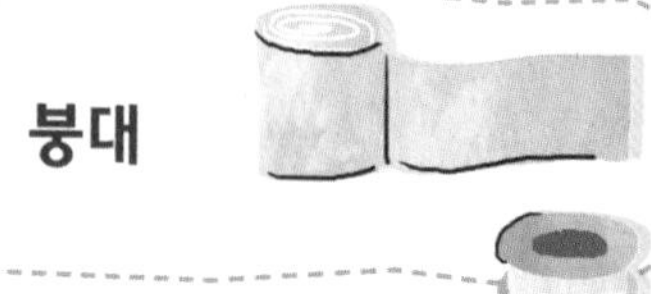

Gạc
각

거즈

Xin cho tôi 약 .
씬 쪼 또이

저에게 약 좀 주세요.

약

Thuốc đau dạ dày 투옥 다우 자(야) 자이(야이)	위장약
Thuốc giảm đau 투옥 잠(얌) 다우	진통제
Thuốc táo bón 투옥 따오 본	변비약
Vitamin 비타민	비타민
Thuốc hạ sốt 투옥 하 쏫	해열제

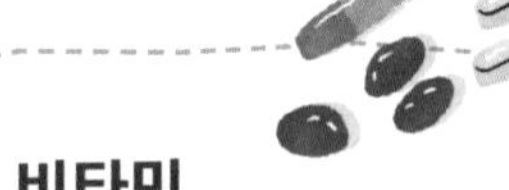

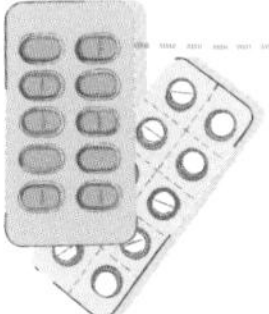

단어사용방법

* Hãy uống **약** sau bữa ăn.
하이 우옹 싸우 브어 안

약 은 식후에 드세요.

✔ 보기에서 그림의 신체 부위에 맞는 단어를 찾아 써 넣으세요.

보기

까잉(깐) 따이 Cánh tay	더우 Đầu	따이 Tai
무이 Mũi	미엥 Miệng	맛 Mắt
반 쩐 Bàn chân	바이 Vai	응온 따이 Ngón tay

정답

❶ Đầu ❷ Mắt ❸ Mũi ❹ Tai ❺ Miệng ❻ Vai ❼ Cánh tay ❽ Ngón tay ❾ Bàn chân

예문 모아모아

단어사용방법 문장들을 모아 회화 속으로 go! go!

아잉(안) 터이 코 찌우 어 다우
A Anh thấy khó chịu ở đâu? 어디가 불편하세요?

또이 비 다우 더우
B Tôi bị đau đầu. 머리가 아파요.

아잉(안) 비 쏫 파이 콩
A Anh bị sốt phải không? 열이 납니까?

자(야) 벙 또이 꿍 비 호 느어
B Dạ vâng, tôi cũng bị ho nữa. 네, 기침도 나요.

아잉(안) 비 깜 꿈 조이(로이) 아잉(안) 파이 우옹 투옥
A Anh bị cảm cúm rồi. Anh phải uống thuốc.
감기네요. 약 먹으셔야 해요.

벙 아
B Vâng ạ. 알겠습니다.

씬 짜오 찌 껀 지(이) 아
A Xin chào, chị cần gì ạ? 어서오세요, 무엇이 필요 하십니까?

또이 딩 무어 투옥 깜 꿈
B Tôi định mua thuốc cảm cúm. 감기약을 사려고 합니다.

씬 쩌 못 쭛
A Xin chờ một chút. 잠시만 기다려 주세요.

신체
신체 증상
검사 및 처치
약

09 학교·직장

야근하지 맙시다!!

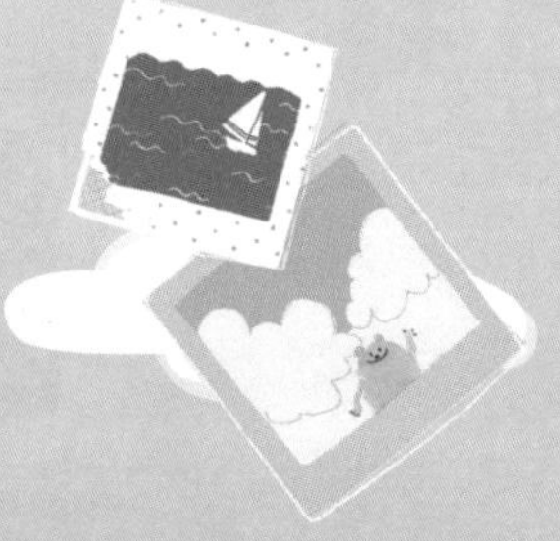

학교 장소

Trường
쯔엉

학교

Phòng học
퐁 혹

교실

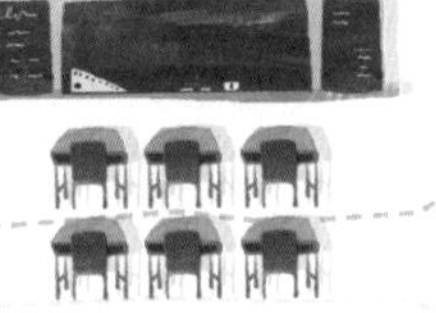

Ký túc xá
끼 뚝 싸

기숙사

Lớp học
럽 혹

강의실

Thư viện
트 비엔

도서관

단어사용방법

Tôi đang ở 학교 장소 **.**
또이 당 어

저는 학교 장소 에 있습니다.

학교 장소

Nhà ăn sinh viên
냐 안 씽 비엔

학생식당

Giảng đường
쟝(양) 드엉

강당

Sân vận động
썬 번 동

운동장

Căng tin
깡 띤

매점

Bể bơi / Hồ bơi
베 버이 호 버이

수영장

Anh ấy không có ở 학교 장소 .
아잉(안) 어이 콩 꼬 어

그는 학교 장소 에 없습니다.

학교 장소

Phòng giáo vụ
퐁 쟈오(야오) 부

교무실

Phòng thí nghiệm
퐁 티 응이엠

실험실

Phòng thể chất
퐁 테 쩟

체육관

Phòng máy tính
퐁 마이 띵

컴퓨터실

Phòng âm nhạc
퐁 엄 냑

음악실

단어사용방법

Thầy có ở 학교 장소 **không ạ?**
터이 꼬 어 콩 아

(남자)선생님은 학교 장소 에 계십니까?

TIP: 남자선생님 : **thầy** 터이, 여자선생님 : **cô** 꼬

과목

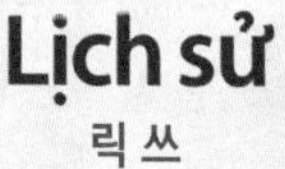

Lịch sử
릭 쓰

역사

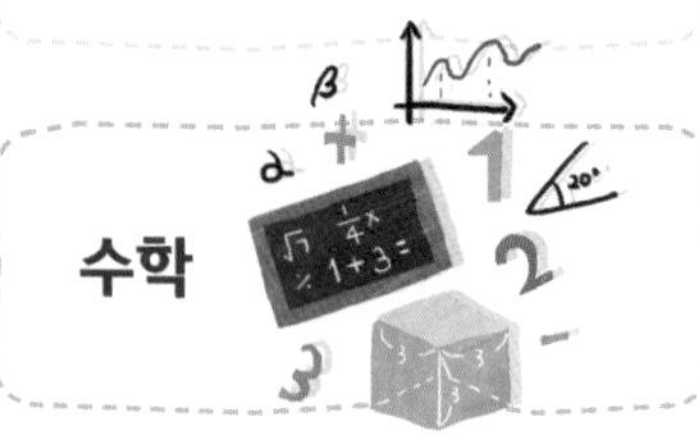

Toán
또안

수학

Ngữ văn
응으 반

국어

Ngoại ngữ
응오아이 응으

외국어

Thể dục
테 죽(육)

체육

단어사용방법

Hôm nay tôi có tiết học 과목 **.**
홈 나이 또이 꼬 띠엣 혹

오늘 저는 과목 수업이 있습니다.

과목

Mỹ thuật
미 투엇

미술

Triết học
찌엣 혹

철학

Kiến trúc học
끼엔 쭉 혹

건축학

Xã hội học
싸 호이 혹

사회학

Văn học
반 혹

문학

단어사용방법

* **Hôm nay tôi không có tiết học** 과목 **.**
홈 나이 또이 콩 꼬 띠엣 혹

오늘 저는 과목 수업이 없습니다.

과목

Nhân văn
년 반

인문

Khoa học
코아 혹

과학

Luật học
루엇 혹

법학

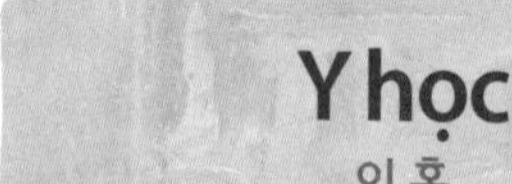

Y học
이 혹

의학

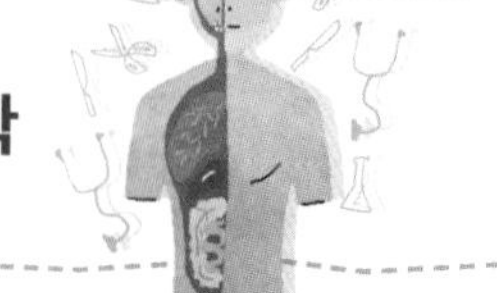

Tâm lý học
떰 리 혹

심리학

Ngày mai bạn có tiết học 과목 **không?**
응아이 마이 반 꼬 띠엣 혹 콩

내일 당신은 과목 수업이 있습니까?

학교생활

Đến trường
덴 쯔엉

등교하다

Học
혹

수업하다

Kết thúc buổi học
껫 툭 부오이 혹

수업이 끝나다

Tốt nghiệp
똣 응이엡

졸업하다

Thi
티

시험보다

단어사용방법

Khi nào bạn 학교생활 **?**
키 나오 반

언제 학교생활 합니까?

학교생활

Nghỉ đông
응이 동

겨울방학

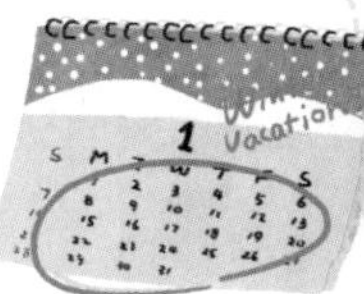

Nghỉ hè
응이 해

여름방학

Thi giữa kỳ
티 즈어(이으어) 끼

중간고사

Thi cuối kỳ
티 꾸오이 끼

기말고사

Lễ hội trường đại học
레 호이 쯔엉 다이 혹

대학 축제

학교생활 **là ngày mấy tháng mấy?**
라 응아이 머이 탕 머이

학교생활 은 몇 월 며칠입니까?

학교생활

Nhập học
녑 혹

입학하다

Đăng ký môn học
당 끼 몬 혹

수강 신청하다

Tham gia câu lạc bộ
탐 쟈(야) 꺼우 락 보

동아리 가입하다

Vắng mặt
방 맛

결석하다

Về sớm
베 썸

조퇴하다

단어사용방법

Cô ấy đã 학교생활 **chưa?**
꼬 어이 다 쯔어

그녀는 학교생활 했습니까?

문구류

Bút chì 붓 찌	연필
Bút bi 붓 비	볼펜
Bút chì kim 붓 찌 낌	샤프
Tẩy 떠이	지우개
Bút xóa 붓 쏘아	수정테이프

단어사용방법

Bạn có 문구류 **không?**
반 꼬 콩

당신은 문구류 가 있습니까?

문구류

Kéo
깨오

가위

Bìa lá
비어 라

클리어 파일

Kẹp giấy
깹 져이(여이)

클립

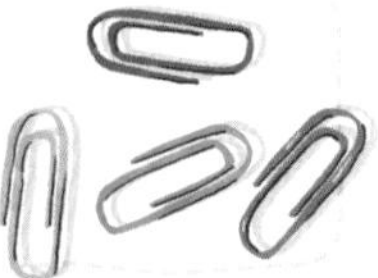

Dập ghim
접(엽) 김

스테이플러

Giấy dán nhãn
져이(여이) 잔(얀) 냔

견출지

단어사용방법

Bạn cho tôi mượn 문구류 **được không?**
반 쪼 또이 므언 드억 콩

저에게 문구류 를 빌려 줄 수 있습니까?

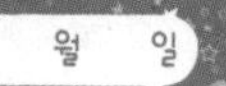

문구류

Giấy nhớ
져이(여이) 녀

접착식 메모지

Keo dán
깨오 잔(얀)

풀

Kẹp
깹

집게

Băng dính
방 징(이인)

테이프

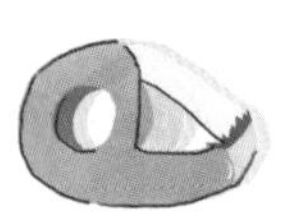

Bút dạ quang
붓 자(야) 꾸앙

형광펜

단어사용방법

Bạn có 문구류 **hay không?**
반 꼬 하이 콩

당신은 문구류 가 있습니까 없습니까?

Bảng
방

칠판

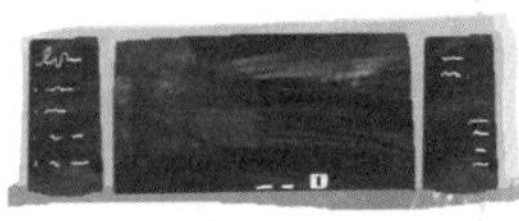

Bàn
반

책상

Tủ cá nhân
뚜 까 년

사물함

Cái lau bảng
까이 라우 방

칠판 지우개

Phấn
펀

분필

단어사용방법

Ở đây không có 교실 용품 **.**
어 더이 콩 꼬

여기에 교실 용품 이 없습니다.

교실 용품

월 일

Từ điển
뜨 디엔

사전

Sách giáo khoa
싸익(싹) 자우(야우) 코아

교과서

Sách
싸익(싹)

책

Vở
버

노트, 공책

Hộp bút
홉 붓

필통

단어사용방법

Tôi không có 교실 용품 **.**
또이 콩 꼬

저는 교실 용품 이 없습니다.

사무용품

Máy photo 마이 포토	복사기
Máy in 마이 인	프린터
Máy tính 마이 띵	계산기
USB 유에스비	USB

단어사용방법

* 사무용품 **này bị hỏng rồi.**
  나이 비 홍 조이(로이)

이 사무용품 은 고장 났습니다.

직급

Chủ tịch
쭈 띡

회장

Phó chủ tịch
포 쭈 띡

부회장

Giám đốc
쟘(얌) 독

사장

Phó giám đốc
포 쟘(얌) 독

부사장

Giám đốc điều hành
쟘(얌) 독 디에우 하잉(한)

상무이사

단어사용방법

직급 **đi đâu rồi?**
디 더우 조이(로이)

직급 님은 어디에 가셨습니까?

직급

Trưởng bộ phận
쯔엉 보 펀

부장

Phó trưởng bộ phận
포 쯔엉 보 펀

차장

Trưởng phòng
쯔엉 퐁

과장

Trưởng nhóm
쯔엉 놈

팀장

Người quản lý
응으어이 꾸안 리

매니저

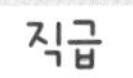

직급 **hiện giờ không có ở đây.**
히엔 져(여) 콩 꼬 어 더이

직급 님은 지금 자리에 안 계십니다.

직급

월 일

Trợ lý
쩌 리

대리

Nhân viên
년 비엔

평사원

Nhân viên thực tập
년 비엔 특 떱

인턴

Sếp
쎕

상사

Đồng nghiệp
동 응이엡

동료

직급 ra ngoài làm việc rồi.
자(라) 응오아이 람 비엑 조이(로이)

직급 은 외근 나갔습니다.

회사 장소

Công ty
꽁 띠

회사

Phòng họp
퐁 홉

회의실

Văn phòng
반 퐁

사무실

Phòng nghỉ
퐁 응이

휴게실

Phòng trực đêm
퐁 쯕 뎀

숙직실

단어사용방법

* **Anh ấy đã đến** 회사 장소 **.**
아잉(안) 어이 다 덴

그는 회사 장소 에 갔습니다.

회사생활

월 일

Xin nghỉ phép
씬 응이 팹

휴가 신청하다

Đến muộn
덴 무온

지각하다

Nghỉ làm
응이 람

결근하다

Ra ngoài làm việc
자(라) 응오아이 람 비엑

외근하다

Nhận lương
년 르엉

급여 받다

단어사용방법

Hôm nay anh ấy đã 회사생활 .
홈 나이 아잉(안) 어이 다

그는 오늘 회사생활 했습니다.

회사생활

Họp
홉

회의하다

Tan làm
딴 람

퇴근하다

Thực hiện dự án
특 히엔 즈(이으) 안

프로젝트를 진행하다

Ký hợp đồng
끼 헙 동

계약하다

Viết báo cáo
비엣 바오 까오

보고서를 작성하다

단어사용방법

* **Tôi phải** 회사생활 .
또이 파이

저는 회사생활 해야 합니다.

회사생활

월 일

Đi công tác
디 꽁 딱

출장 가다

Đi làm
디 람

출근하다

Liên hoan
리엔 호안

회식하다

Làm việc
람 비엑

일하다

Làm thêm giờ
람 템 저(여)

야근하다

단어사용방법

Ngày mai tôi phải 회사생활 .
응아이 마이 또이 파이

내일 저는 회사생활 해야 합니다.

✓ 학교와 관련된 단어를 찾아 미로를 탈출하세요.

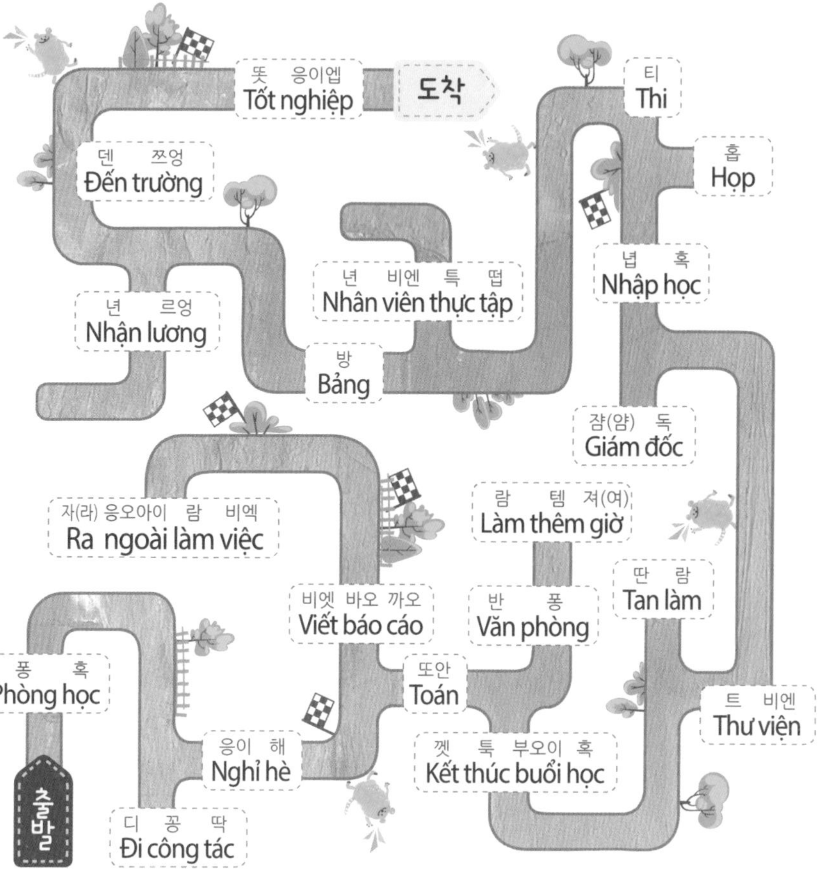

정답

Phòng học | Nghỉ hè | Toán | Kết thúc buổi học | Thư viện | Nhập học | Thi | Bảng | Đến trường | Tốt nghiệp

예문 모아 모아

단어사용방법 문장들을 모아 회화 속으로 go! go!

반 당 어 더우
A Bạn đang ở đâu? 너 어디야?

또이 당 어 퐁 혹
B Tôi đang ở phòng học. 나 교실에 있어.

학교 장소

홈 나이 반 꼬 띠엣 혹 지(이)
A Hôm nay bạn có tiết học gì? 너 오늘 무슨 수업 있는데?

홈 나이 또이 꼬 띠엣 혹 또안
B Hôm nay tôi có tiết học Toán. 오늘 나는 수학 수업이 있어.

과목

키 나오 반 티
A Khi nào bạn thi? 언제 시험 보지?

또이 꿍 콩 비엣
B Tôi cũng không biết. 나도 모르겠어.

학교생활

반 꼬 붓 비 콩
A Bạn có bút bi không? 너 볼펜 있어?

꼬 더이 나이
B Có, đây này. 있어, 여기.

문구류

– 1 –

예문 모아모아

단어사용방법 문장들을 모아 회화 속으로 go! go!

쟘(얌) 독 디 더우조이(로이)

A Giám đốc đi đâu rồi? 사장님은 어디에 가셨습니까?

아잉(안) 어이 다 덴 퐁 홉

B Anh ấy đã đến phòng họp. 그는 회의실에 갔습니다.

쯔엉 보 펀 당 어 더우

A Trưởng bộ phận đang ở đâu? 부장님은 어디 계십니까?

홈 나이 아잉(안) 어이 다 씬 응이 팹

B Hôm nay anh ấy đã xin nghỉ phép. 그는 오늘 휴가냈습니다.

직급

회사 장소

회사생활

– 2 –

10 나들이·약속

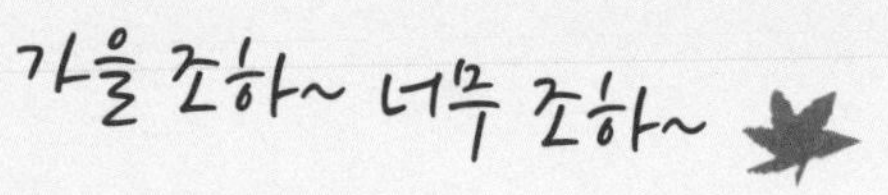

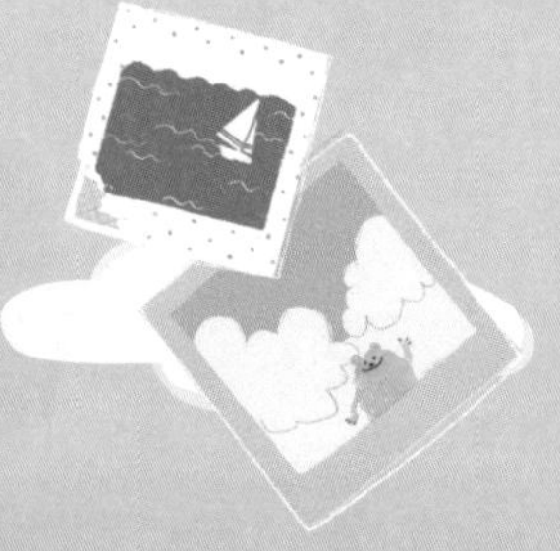

일정

Thời gian
터이 쟌(얀)

시간

Rỗi
조이(로이)

틈, 시간

Kế hoạch
께 호아익(호악)

계획

Rảnh
자잉(란)

여가, 틈

Lịch trình
릭 찡

스케줄

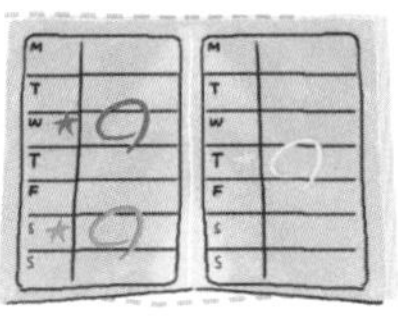

단어사용방법

Thứ năm bạn có 일정 **không?**
트 남 반 꼬 콩

목요일에 당신은 일정 이 있습니까?

일정

Hẹn
핸

약속

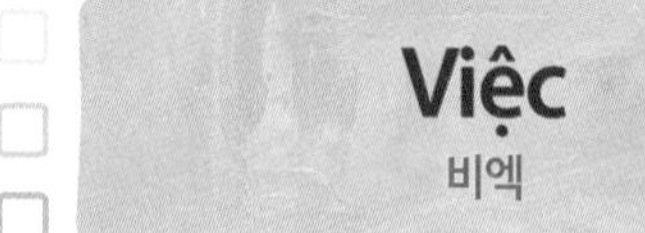

Việc
비엑

일

Buổi gặp mặt
부오이 갑 맛

모임

Việc gấp
비엑 겁

급한 일

Hẹn uống rượu
핸 우옹 즈어우(르어우)

술 약속

단어사용방법

Ngày mai tôi có 일정 **.**
응아이 마이 또이 꼬

내일 저는 일정 이 있습니다.

일정

Buổi đào tạo
부오이 다오 따오

교육

Cuộc hẹn hò
꾸옥 핸 호

약속, 데이트

Sự kiện
쓰 끼엔

행사

Buổi họp
부오이 홉

미팅

Buổi phỏng vấn
부오이 퐁 번

면접

단어사용방법

일정 **hôm qua thế nào?**
홈 꾸아 테 나오

어제 일정 은 어땠습니까?

날짜 표현

Thứ hai
트 하이
월요일

Thứ ba
트 바
화요일

Thứ tư
트 뜨
수요일

Thứ năm
트 남
목요일

Thứ sáu
트 싸우
금요일

Thứ bảy
트 바이
토요일

Chủ nhật
쭈 녓
일요일

Tuần sau
뚜언 싸우
다음 주

Tháng sau
탕 싸우
다음 달

Năm sau
남 싸우
내년

단어사용방법

Chúng ta gặp nhau vào 날짜 표현 **nhé.**
쭝 따 갑 냐우 바오 녜

우리 날짜 표현 에 만납시다.

날짜 표현

Tuần trước
뚜언 쯔억
지난주

Tuần này
뚜언 나이
이번 주

Tháng trước
탕 쯔억
지난달

Tháng này
탕 나이
이번 달

Năm ngoái
남 응와이
작년

Cuối tuần
꾸오이 뚜언
주말

Ngày nghỉ
응아이 응이
휴일

Ngày kỉ niệm
응아이 끼 니엠
기념일

Ngày nghỉ lễ
응아이 응이 레
공휴일

Hai năm trước
하이 남 쯔억
이전

단어 사용방법

Chúng ta đã gặp nhau vào 날짜 표현 **nhỉ?**
쭝 따 다 갑 냐우 바오 니

우리 날짜 표현 에 만난 적 있지 않습니까?

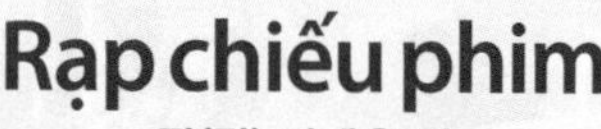

Rạp chiếu phim
잡(랍) 찌에우 핌

영화관

Bảo tàng mỹ thuật
바오 땅 미 투엇

미술관

Trung tâm thương mại
쭝 떰 트엉 마이

백화점

Khu mua sắm
쿠 무어 쌈

쇼핑몰

Quán cà phê
꾸안 까 페

커피숍

단어사용방법

Gặp nhau ở 활동 장소 **nhé!**
갑 냐우 어 녜

활동 장소 에서 봅시다!

활동 장소

Phòng gym
퐁 짐

헬스장

Nhà hàng
냐 항

식당, 레스토랑

Cửa hàng tiện lợi
끄어 항 띠엔 러이

편의점

Cửa hàng
끄어 항

상점, 가게

Siêu thị
씨에우 티

슈퍼마켓

단어사용방법

* **Quán cà phê ở đối diện** 활동 장소 .
꾸안 까 페 어 도이 지엔(이엔)

커피숍은 활동 장소 맞은편에 있습니다.

활동 장소

Ngân hàng
응언 항

은행

Bưu điện
브우 디엔

우체국

Hiệu thuốc
히에우 투옥

약국

Bệnh viện
베잉(벤) 비엔

병원

Tiệm giặt
띠엠 쟛(얏)

세탁소

단어사용방법

Tôi phải đi 활동 장소 **trước.**
또이 파이 디 쯔억

저는 먼저 활동 장소 를 다녀와야 합니다.

활동 장소

Quán internet
꾸안 인터넷

PC 방

Lối vào
로이 바오

입구

Lối ra
로이 자(라)

출구

Cửa chính
끄어 찡

정문

Quảng trường
꾸앙 쯔엉

광장

단어사용방법

Chúng ta gặp nhau ở 활동 장소 **nhé.**
쭝 따 갑 냐우 어 녜

우리 활동 장소 에서 만납시다.

자연

월 일

Bầu trời
버우 쩌이

하늘

Mặt trời
맛 쩌이

해

Mặt trăng
맛 짱

달

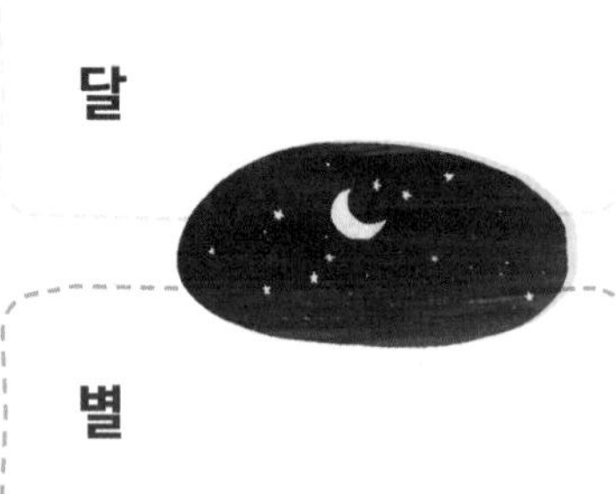

Ngôi sao
응오이 싸오

별

Hoàng hôn
호앙 혼

노을

단어사용방법

Hãy nhìn 자연 **kìa!**
하이 니인 끼어

저 자연 좀 보세요!

자연

Núi
누이

산

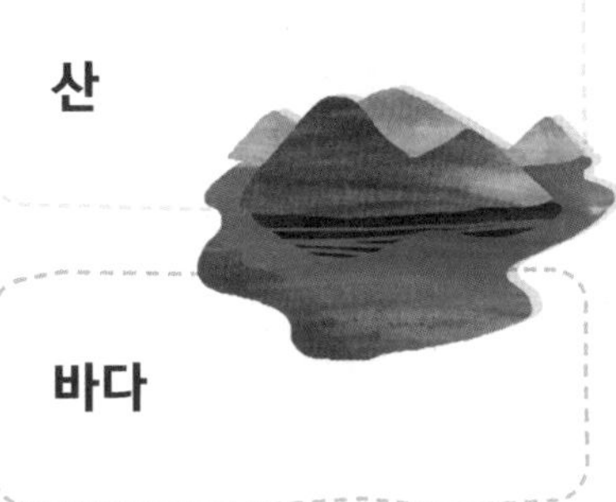

Biển
비엔

바다

Rừng
증(릉)

숲, 산림

Sông
쏭

강

Thung lũng
퉁 룽

계곡

단어사용방법

* Tôi chưa từng thấy 자연 đẹp như thế này.
또이 쯔어 뜽 터이 댑 니으 테 나이

이렇게 아름다운 자연 을 본 적이 없습니다.

자연

Mặt trời mọc
맛 쩌이 목

일출

Mặt trời lặn
맛 쩌이 란

일몰

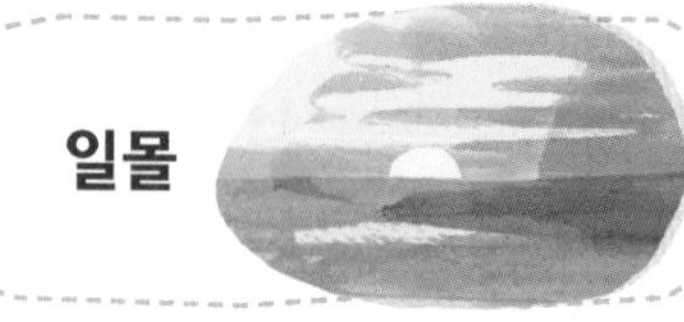

Phong cảnh
퐁 까잉(깐)

경치

Lá vàng
라 방

단풍

Hoa
호아

꽃

단어사용방법

Cuối tuần này đi xem 자연 **đi.**
꾸오이 뚜언 나이 디 쌤 디

이번 주말에 자연 보러 갑시다.

자연

Bãi biển
바이 비엔

해변

Bãi cát trắng
바이 깟 짱

모래사장

Bờ biển
버 비엔

해안

Hồ
호

호수

Thảo nguyên
타오 응위엔

초원

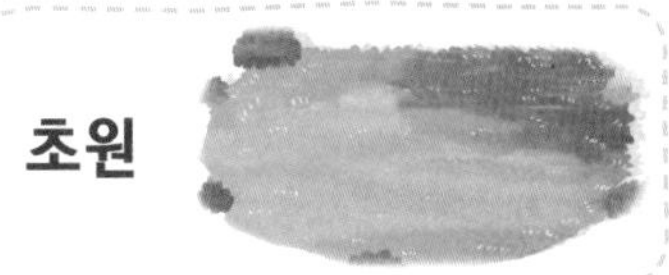

단어사용방법

Nhìn kìa, 자연 kia đẹp biết bao!
니인 끼어 끼어 댑 비엣 바오

보세요, 저 자연 이 얼마나 예쁜지!

계절

월 일

Mùa xuân
무어 쑤언

봄

Mùa hè
무어 해

여름

Mùa thu
무어 투

가을

Mùa đông
무어 동

겨울

단어사용방법

Trong bốn mùa, tôi thích 계절 **nhất.**
쫑 본 무어 또이 틱 녓

사계절 중 저는 계절 을 가장 좋아합니다.

날씨

Ấm áp
엄 압

따뜻하다,
푸근하다

Quang đãng
꾸앙 당

화창하다

Dễ chịu
제(예) 찌우

쾌적하다, 상쾌하다

Mát mẻ
맛 매

서늘하다, 선선하다

Oi bức
오이 븍

무덥다,
후덥지근하다

단어사용방법

* **Dạo này thời tiết rất** 날씨 **.**
자오(야오) 나이 터이 띠엣 젓(럿)

요즘 날씨가 많이 날씨 합니다.

날씨

월 일

Nóng 농 — 덥다

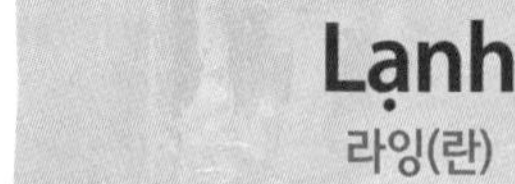

Lạnh 라잉(란) — 춥다

Khô 코 — 건조하다

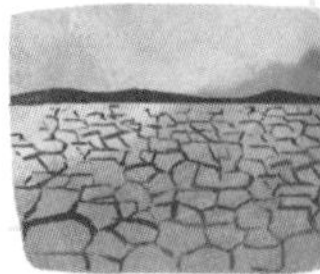

Ẩm thấp 엄 텁 — 습하다, 눅눅하다

Khó chịu 코 찌우 — 궂다, 엉망이다

Mấy hôm nay thời tiết rất 날씨 **.**
머이 홈 나이 터이 띠엣 젓(럿)

요 며칠 날씨가 너무 날씨 합니다.

날씨

Mưa
므어

비 오다

Tuyết rơi
뚜이엣 저이(러이)

눈 오다

Gió thổi
죠(요) 토이

바람 불다

Nhiều mây
니에우 머이

구름이 많다

Cát vàng
깟 방

황사가 불다

단어사용방법

* **Mùa này thường xuyên có** 날씨 **.**
무어 나이 트엉 쑤이엔 꼬

이 계절엔 자주 날씨 합니다.

날씨

월 일

Trong xanh
쫑 싸잉(싼)

맑다

Âm u
엄 우

흐리다

Có sấm
꼬 썸

천둥이 치다

Có sét đánh
꼬 쌧 다잉(단)

번개가 치다

Có cầu vồng
꼬 꺼우 봉

무지개가 뜨다

단어사용방법

Hôm nay ở đây 날씨 .
홈 나이 어 더이

오늘 이곳은 날씨 합니다.

날씨

월 일

Mưa rào
므어 자오(라오)

소나기가 내리다

Mưa đá
므어 다

우박이 떨어지다

Mưa phùn
므어 푼

가랑비가 내리다

Sương mù
쓰엉 무

안개가 끼다

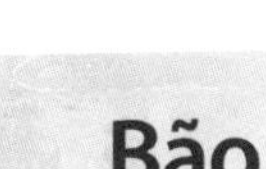

Bão
바오

태풍이 불다

단어사용방법

Theo dự báo thời tiết, ngày mai có 날씨 **.**
태오 즈(이으) 바오 터이 띠엣 응아이 마이 꼬

일기예보에서 내일은 날씨 한다고 했습니다.

✔ 다음 밑줄 친 단어에 맞는 베트남어를 찾으세요.

나는 미술관 에 갔어.
여름 이라서 그런지
날씨가 너무 무더웠어 .

1 바오 땅 미 투엇
Bảo tàng mỹ thuật

2 끄어 항 띠엔 러이
Cửa hàng tiện lợi

3 무어 해
Mùa hè

4 무어 투
Mùa thu

5 오이 븍
Oi bức

6 라잉(란)
Lạnh

❶ Bảo tàng mỹ thuật ❸ Mùa hè ❺ Oi bức

예문 모아모아

단어사용방법 문장들을 모아 회화 속으로 go! go!

트 남 반 꼬 터이 쟌(얀) 콩
A Thứ năm bạn có thời gian không? 목요일에 너 시간 있어?

꼬
B Có. 있어.

똣 꾸아 테 티 쭝 따 갑 냐우 바오 트 남 녜
A Tốt quá. Thế thì chúng ta gặp nhau vào thứ năm nhé.
잘 됐다. 그럼 우리 목요일에 만나자.

드억 테 갑 냐우 어 더우
B Được, thế gặp nhau ở đâu? 좋아, 어디에서 만날까?

갑 냐우 어 잡(랍) 찌에우 핌 녜
A Gặp nhau ở rạp chiếu phim nhé! 영화관에서 보자!

으 트 남 갑 녜
B Ừ, thứ năm gặp nhé. 그래, 목요일에 만나.

일정

날짜 표현

활동 장소

– 1 –

예문 모아모아

단어사용방법 문장들을 모아 회화 속으로 go! go!

하이 니인 버우 쩌이 끼어
A Hãy nhìn bầu trời kìa! 저 하늘 좀 봐!

오이, 댑 꾸아
B Ôi, đẹp quá! 와, 정말 예쁘다!

쫑 본 무어 또이 틱 무어 투 녓
A Trong bốn mùa, tôi thích mùa thu nhất.
사계절 중 나는 가을이 제일 좋아.

또이 꿍 테
B Tôi cũng thế. 나도 야.

자오(야오) 나이 터이 띠엣 젓(럿) 맛 매
A Dạo này thời tiết rất mát mẻ. 요즘 날씨가 많이 선선해.

둥 버이
B Đúng vậy. 맞아.

니응 마 무어 나이 트엉 쑤이엔 꼬 죠(요) 토이
A Nhưng mà, mùa này thường xuyên có gió thổi.
근데, 이 계절엔 자주 바람이 불어.

둥 테
B Đúng thế. 그건 그렇지.

- 2 -

자연 계절 날씨

11 여행

나의 첫 해외여행~♡

탑승 관련 표현

Vé máy bay
배 마이 바이

비행기표

Vé khứ hồi
배 크 호이

왕복 티켓

Vé một chiều
배 못 찌에우

편도 티켓

Đồ ăn trên máy bay
도 안 쩬 마이 바이

기내식

Hàng miễn thuế
항 미엔 투에

면세품

* **Tôi có thể đặt** 탑승 관련 표현 **được không?**
또이 꼬 테 닷 드억 콩

탑승 관련 표현 예약 됩니까?

Đặt vé
닷 배

예약하다

Thay đổi vé
타이 도이 배

비행기 티켓을 변경하다

Hủy vé
후이 배

비행기 티켓을 취소하다

Nối chuyến
노이 쭈이엔

비행기를 환승하다

Xác nhận đặt vé
싹 년 닷 배

예약을 확인하다

단어사용방법

Tôi có thể 탑승 관련 표현 **không?**
또이 꼬 테 콩

탑승 관련 표현 됩니까?

비행기 좌석

Ghế ngồi
게 응오이

좌석

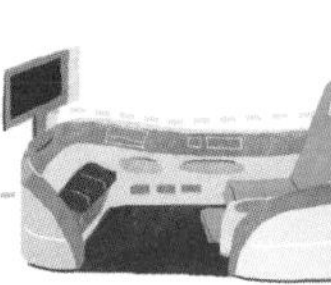

Ghế hạng nhất
게 항 녓

퍼스트 클래스

Ghế hạng thương gia
게 항 트엉 쟈(야)

비즈니스

Ghế hạng phổ thông
게 항 포 통

이코노미

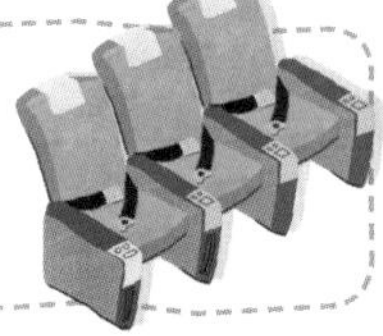

Ghế gần cửa thoát hiểm
게 건 끄어 토앗 히엠

비상구 좌석

단어사용방법

Chuyến bay đến Hà Nội có 비행기 좌석 không?
쭈이엔 바이 덴 하 노이 꼬 콩

하노이 가는 비행기에 비행기 좌석 있습니까?

기내 물품

Chăn
짠

담요

Tạp chí
땁 찌

잡지

Tai nghe
따이 응애

이어폰

Cốc giấy
꼭 져이(여이)

종이컵

Dép lê
잽(얩) 레

슬리퍼

단어사용방법

Có 기내 물품 **không?**
꼬 콩

기내 물품 있습니까?

기내 물품

월 일

Băng bịt mắt
방 빗 맛

안대

Cái bịt tai
까이 빗 따이

귀마개

Sách mua sắm
싸익(싹) 무어 쌈

쇼핑 책자

Tờ khai nhập cảnh
떠 카이 녑 까잉(깐)

외국인 입국 신고서

Tờ khai hải quan
떠 카이 하이 꾸안

세관 신고서

단어사용방법

Có thể mang cho tôi 기내 물품 **không?**
꼬 테 망 쪼 또이 콩

기내 물품 을 저에게 가져다 주시겠습니까?

입국 목적

Kinh doanh
찡 조아잉(요안)

비즈니스

Viếng thăm
비엥 탐

방문하다

Tham quan
탐 꾸안

관광하다

Du lịch
주(유) 릭

여행하다

Xin việc
씬 비엑

취업하다

단어사용방법

* **Mục đích nhập cảnh là** 입국 목적 **.**
묵 딕 녑 까잉(깐) 라

입국 목적은 입국 목적 입니다.

입국 목적

Học tập 혹 떱	공부하다
Du học 주(유) 혹	유학
Học ngoại ngữ 혹 응오아이 응으	어학 연수하다
Thăm người thân 탐 응으어이 턴	친지를 방문하다
Thăm bạn bè 탐 반 배	친구를 방문하다

단어사용방법

Mục đích nhập cảnh của anh ấy là 입국 목적 **.**
묵 딕 녑 까잉(깐) 꾸어 아잉(안)어이 라

그의 입국 목적은 입국 목적 입니다.

기간

Một ngày
못 응아이

하루

Hai ngày
하이 응아이

이틀

Ba ngày
바 응아이

삼일

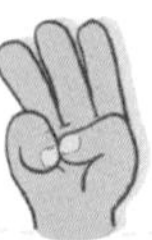

Ba ngày hai đêm
바 응아이 하이 뎀

2박 3일

Mười một ngày mười đêm
므어이 못 응아이 므어이 뎀

10박 11일

단어사용방법

Tôi định ở 기간 **.**
또이 딩 어

기간 머무를 예정입니다.

기간

월 일

Một tuần
못 뚜언
1주일

Hai tuần
하이 뚜언
2주일

Một tháng
못 탕
1개월, 한 달

Sáu tháng, Nửa năm
싸우 탕 느어 남
6개월, 반년

Một năm
못 남
1년

단어사용방법

Mới đó mà đã 기간 **trôi qua.**
머이 도 마 다 쪼이 꾸아

벌써 기간 이 지났습니다.

객실 형태

Phòng
퐁

방

Phòng đơn
퐁 던

싱글룸

Phòng đôi hai giường
퐁 도이 하이 즈엉(이으엉)

트윈룸

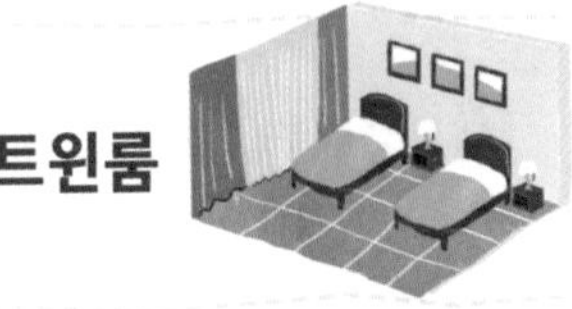

Phòng đôi giường đôi
퐁 도이 즈엉(이으엉) 도이

더블룸

Phòng suite
퐁 스위트

스위트룸

단어사용방법

Có 객실 형태 **không?**
꼬 콩

객실 형태 있습니까?

객실 형태

월 일

Phòng hạng thương gia
퐁 항 트엉 쟈(야)

비즈니스룸

Phòng cấm hút thuốc
퐁 껌 훗 투옥

금연룸

Phòng được hút thuốc
퐁 드억 훗 투옥

흡연룸

Phòng dành cho nhóm
퐁 자잉(얀) 쪼 뇸

다인실

Phòng đặc biệt
퐁 닥 비엣

특실

Tôi định đặt 객실 형태 **.**
또이 딩 닷

저는 객실 형태 를 예약하려고 합니다.

Quán bar
꾸안 바

바(bar), 술집

Quán karaoke
꾸안 까라오께

노래방

Phòng xông hơi
퐁 쏭 허이

사우나

Casino
까시노

카지노

Tiệm làm tóc
띠엠 람 똑

미용실

단어사용방법

Trong khách sạn có 부대시설 không?
쫑 카익(칵) 싼 꼬 콩

호텔에 부대시설 이 있습니까?

환경 묘사

Sạch sẽ
싸익(싹) 쌔

깨끗하다

Yên tĩnh
이엔 띵

조용하다

Rộng
종(롱)

넓다

Nổi tiếng
노이 띠엥

유명하다

Thoải mái
토아이 마이

쾌적하다, 편(안)하다

단어사용방법

- **Khách sạn này rất** 환경 묘사 .
카익(칵) 싼 나이 젓(럿)

이 호텔은 매우 환경 묘사 합니다.

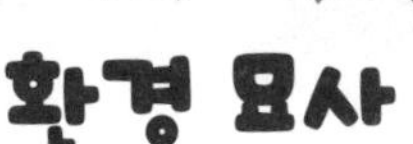

환경 묘사

Bẩn
번

더럽다

Ồn ào
온 아오

시끄럽다

Chật
쩟

좁다

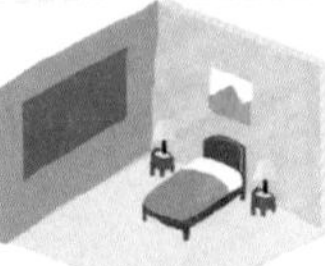

Quê mùa
꾸에 무어

촌스럽다

Bừa bộn
브어 본

엉망이다

단어사용방법

* **Phòng này rất** 환경 묘사 .
  퐁 나이 젓(럿)

이 방은 너무 환경 묘사 합니다.

환경 묘사

Đặc biệt 닥 비엣	특별하다
Độc đáo 독 다오	독특하다
Khủng khiếp 쿵 키엡	공포스럽다
Heo hút 해오 훗	외지다
Lãng mạn 랑 만	낭만적이다

- **Khách sạn lần trước tôi ở rất** 환경 묘사 .
  카익(칵) 싼 런 쯔억 또이 어 젓(럿)

지난번 묵었던 호텔은 매우 환경 묘사 했습니다.

Gọi báo thức
고이 바오 특

모닝콜

Phục vụ tại phòng
푹 부 따이 퐁

룸 서비스

Dọn phòng
존(욘) 퐁

룸 클리닝

Giặt khô
쟛(얏) 코

드라이클리닝 하다

Thuê ô tô
투에 오 또

차를 렌트하다
(카 렌트)

단어사용방법

Tôi muốn dùng dịch vụ 호텔 서비스 .
또이 무언 중(융) 직(이익) 부

저는 호텔 서비스 를 이용하고 싶습니다.

호텔 서비스

Giữ hành lý
즈(이으) 하잉(한) 리

짐을 보관하다

Vận chuyển hành lý
번 쭈이엔 하잉(한) 리

짐을 운반하다

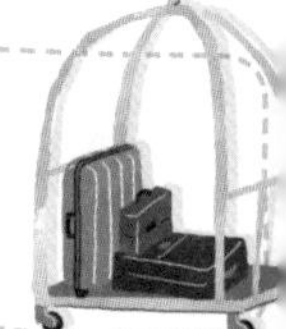

Đổi tiền
도이 띠엔

환전하다

Phiên dịch
피엔 직(이익)

통역

Đón
돈

픽업하다

단어사용방법

Xin 호텔 서비스 giúp tôi.
씬 즙(읍) 또이

호텔 서비스 해주세요.

✔ 스케줄이 적힌 달력을 보고 그에 맞는 베트남어를 찾으세요.

6月

Sun	Mon	Tue	Wed	Thu	Fri	Sat
				1	2	3
4	5 호텔 넓은 트윈룸 예약!	6	7 카렌트 신청	8	9	10
11	12	13	14	15	16 미국 여행가기!!♥	17
18	19	20	21	22	23	24
25	26	27	28	29	30	

목적 Du lịch | Xin việc | Thăm người thân

기간 Một tuần | Ba ngày | Sáu tháng

룸 Phòng đơn | Phòng đôi hai giường | Phòng đặc biệt

환경 Yên tĩnh | Rộng | Nổi tiếng

서비스 Gọi báo thức | Phục vụ tại phòng | Thuê ô tô

정답

목적 : Du lịch | 기간 : Một tuần | 룸 : Phòng đôi hai giường | 환경 : Rộng | 서비스 : Thuê ô tô

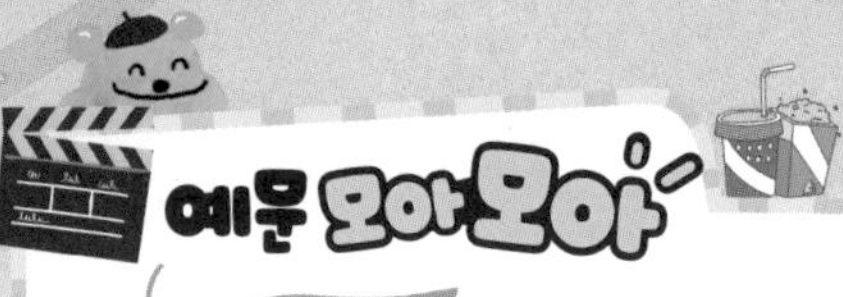

단어사용방법 문장들을 모아 회화 속으로 go! go!

탑승 관련 표현

또이 꼬 테 닷 배 마이 바이 드억 콩
A Tôi có thể đặt vé máy bay được không? 비행기표 예약 가능한가요?

드억 아
B Được ạ. 가능합니다.

비행기 좌석

버이 쭈이엔 바이 덴 하 노이 꼬 게 항 트엉 쟈(야) 콩
A Vậy, chuyến bay đến Hà Nội có ghế hạng thương gia không?
그럼, 하노이 가는 비행기에 비즈니스 좌석 있나요?

꼬 아
B Có ạ. 있습니다.

기내 물품

꼬 짠 콩
A Có chăn không? 담요 있나요?

꼬 아, 씬 쩌 못 쭛
B Có ạ, xin chờ một chút. 네, 잠시만 기다려 주세요.

입국 목적

묵 딕 녑 까잉(깐) 라 지(이)
A Mục đích nhập cảnh là gì? 입국 목적이 무엇입니까?

묵 딕 녑 까잉(깐) 라 탐 꾸안
B Mục đích nhập cảnh là tham quan. 입국 목적은 관광입니다.

기간

아잉(안) 어 머이 응아이
A Anh ở mấy ngày? 얼마나 머무릅니까?

또이 딩 어 바 응아이 하이 뎀
B Tôi định ở ba ngày hai đêm. 2박 3일 머무를 예정입니다.

– 1 –

예문 모아모아

단어사용방법 문장들을 모아 회화 속으로 go! go!

꼬 퐁 도이 즈엉(이으엉) 도이 콩

A Có phòng đôi giường đôi không? 더블룸 있나요?

꼬 아

B Có ạ. 있습니다.

씬 호이 쫑 카익(칵) 싼 꼬 퐁 쏭 허이 콩

A Xin hỏi, trong khách sạn có phòng xông hơi không?
실례지만, 호텔에 사우나가 있나요?

꼬 아

B Có ạ. 있습니다.

카익(칵) 싼 나이 젓(럿) 토아이 마이

A Khách sạn này rất thoải mái. 이 호텔은 무척 쾌적하네.

둥 테 라이 꼰 젓(럿) 싸익(싹) 쌔

C Đúng thế, lại còn rất sạch sẽ. 맞아, 게다가 깨끗해.

씬 짜오 또이 무온 중(융) 직(이익) 부 고이 바오 특

A Xin chào, tôi muốn dùng dịch vụ gọi báo thức.
안녕하세요, 모닝콜을 이용하고 싶습니다.

벙 아

B Vâng ạ. 알겠습니다.

객실형태 부대시설 환경묘사 호텔서비스

– 2 –

12 응급상황

도와주세요!!

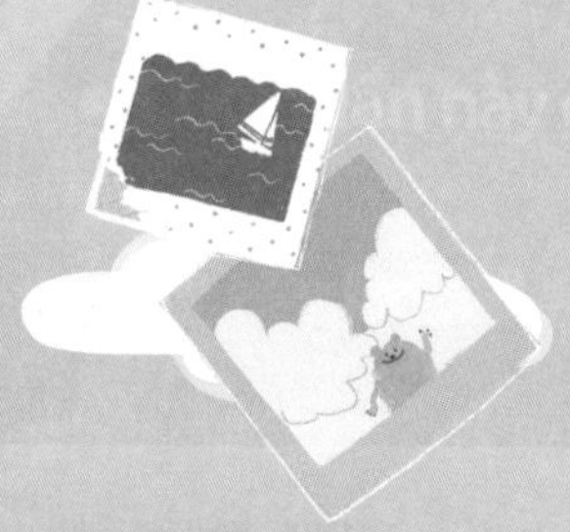

사건·사고

Bị tai nạn
비 따이 난

사고 나다

Bị thương
비 트엉

다치다

Bị tai nạn xe
비 따이 난 쌔

차 사고가 나다

Bị bạo hành
비 바오 하잉(한)

폭행 당하다

Bị móc túi
비 목 뚜이

소매치기 당하다

단어사용방법

Tôi 사건·사고 **rồi.**
또이 조이(로이)

저는 사건·사고 했습니다.

사건·사고

월 일

Cháy 짜이	불 나다
Đâm xe 덤 쌔	차에 부딪히다
Lỡ tàu 러 따우	열차를 놓치다
Bị hỏng 비 홍	고장 나다
Bị lừa 비 르어	사기 당하다

Nguy rồi, 사건·사고 **rồi.**
응우이 조이(로이) 조이(로이)

큰일났어요, 사건·사고 했습니다.

소지품

Hộ chiếu
호 찌에우

여권

Đồ dùng cá nhân
도 중(융) 까 년

소지품

Va li
바 리

트렁크, 여행용 가방

Đá quý
다 꾸이

보석

Đồ quý
도 꾸이

귀중품

단어사용방법

Tôi bị mất 소지품 **rồi.**
또이 비 멋 조이(로이)

저는 소지품 을 잃어버렸습니다.

소지품

Gậy chụp ảnh
거이 쭙 아잉(안)

셀카봉

Chìa khóa ô tô
찌어 코아 오 또

차 키

Chìa khóa phòng
찌어 코아 퐁

룸 키

Tiền
띠엔

돈

Máy chụp ảnh
마이 쭙 아잉(안)

카메라

Tôi không tìm thấy 소지품 !
또이 콩 띰 터이

소지품 을 못 찾겠습니다!

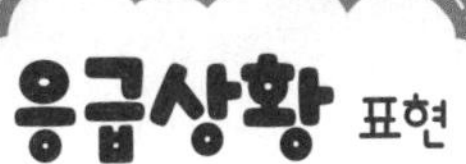

Cứu tôi với!
끄우 또이 버이

살려주세요!

Tôi phải làm sao đây?
또이 파이 람 싸오 더이

어떻게 하죠?

Xin hãy giúp đỡ!
씬 하이 쥽(윱) 더

제발 부탁드립니다!

Hãy cẩn thận.
하이 껀 턴

조심하세요.

Tình huống khẩn cấp!
띵 후옹 컨 껍

응급상황이에요!

단어사용방법

응급상황 표현

응급상황 표현

상황대처 표현

Báo cảnh sát
바오 까잉(깐) 쌋

경찰에 신고하다

Khai báo mất đồ
카이 바오 멋 도

분실신고 하다

Gọi xe cấp cứu
고이 쌔 껍 끄우

구급차를 부르다

Xin cứu hộ
씬 끄우 호

구조를 청하다

Xin giúp đỡ
씬 즙(윱) 더

도움을 청하다

* **Mau** 상황대처 표현 **đi!**
마우 디

빨리 상황대처 표현 합시다!

✔ 주어진 상황에 맞는 단어를 보기에서 찾아 숫자를 써넣으세요.

❶ Bị lừa (비 르어)

❷ Hộ chiếu (호 찌에우)

❸ Cháy (짜이)

❹ Tiền (띠엔)

❺ Bị thương (비 틍어)

❻ Đồ quý (도 꾸이)

❼ Báo cảnh sát (바오 까잉(깐) 쌋)

❽ Hãy cẩn thận. (하이 껀 턴)

❼ Báo cảnh sát | ❸ Cháy | ❷ Hộ chiếu | ❽ Hãy cẩn thận.

단어사용방법 문장들을 모아 회화 속으로 go! go!

응위 조이(로이) 또이 비 목 뚜이 조이(로이)
A Nguy rồi. Tôi bị móc túi rồi. 큰일났어요. 소매치기 당했어요.

아잉(안) 꼬 비 멋 까이 지(이) 콩
B Anh có bị mất cái gì không? 없어진 것이 있어요?

또이 비 멋 호 찌에우 조이(로이)
A Tôi bị mất hộ chiếu rồi. 여권을 잃어버렸어요.

오이 쩌이 어이
B Ôi trời ơi! 맙소사!

아잉(안) 꼬 비 멋 지(이) 느어 콩
B Anh có bị mất gì nữa không? 다른 잃어버린 건 없어요?

또이 콩 조(로) 또이 파이 람 싸오 더이
A Tôi không rõ. Tôi phải làm sao đây? 잘 모르겠어요. 어쩌죠?

마우 바오 까잉(깐) 쌋 디
B Mau báo cảnh sát đi! 빨리 경찰에 신고해요!

둥 둥
A Đúng, đúng! 맞다, 맞다!

사건·사고 소지품 응급상황 표현 상황대처 표현

#부록

호칭
인칭 대명사
전치사
부사
접속사
구문
종별사
시각
월·요일
날짜
기간

호칭

월 일

발음	베트남어	뜻
옹	**ông**	할아버지
보	**bố**	아버지
아잉(안)	**anh**	오빠, 형
앰	**em**	동생
반	**bạn**	친구
박	**bác**	큰 아버지, 큰 어머니, 큰 고모, 아저씨, 아주머니
터이	**thầy**	남자 선생님
바	**bà**	할머니
매	**mẹ**	어머니
찌	**chị**	언니, 누나
짜우	**cháu**	조카
꺼우	**cậu**	친구, 외삼촌
쭈	**chú**	작은아버지 (삼촌), 아저씨
꼬	**cô**	고모, 아가씨, 여자 선생님

인칭대명사

월 일

수	인칭	인칭대명사
단수	1인칭	또이 **Tôi** 나 / 앰 **Em** 저
	2인칭	아잉(안) **Anh** 당신(연상 남자) / 찌 **Chị** 당신(연상 여자) / 반 **Bạn** 너(친구 남자, 여자, 동년배) 앰 **Em** 너(연하 남자, 여자) / 옹 **Ông** 당신(할아버지, 사회적 지위가 있는 남성) 바 **Bà** 너(할머니, 사회적 지위가 있는 여성) / 꼬 **Cô** 당신(여자 선생님, 아가씨)
	3인칭	아잉(안) 어이 **Anh ấy** 그, 그 형, 그 오빠(연상 남자) / 찌 어이 **Chị ấy** 그녀, 그 누나, 그 언니(연상 여자) 반 어이 **Bạn ấy** 그 친구, 그애(친구, 동년배) / 앰 어이 **Em ấy** 그 동생, 그 애(연하 남자, 여자) 옹 어이 **Ông ấy** 그(할아버지, 사회적 지위가 있는 남성) 바 어이 **Bà ấy** 그녀(할머니, 사회적 지위가 있는 여성) / 꼬 어이 **Cô ấy** 그녀(여자 선생님, 아가씨)
복수	1인칭 chúng + 1인칭	쭝 또이 **Chúng tôi** 우리들(청자 제외) / 쭝 따 **Chúng ta** 우리들(청자 포함) 쭝 앰 **Chúng em** 저희들
	2인칭 Các + 2인칭	깍 아잉(안) **Các anh** 당신들, 형들, 오빠들 / 깍 찌 **Các chị** 당신들, 누나들, 언니들 깍 반 **Các bạn** 친구들 / 깍 앰 **Các em** 동생들, 너희들
	3인칭 Các + 3인칭	깍 아잉(안)어이 **Các anh ấy** 그들, 그 형들, 그 오빠들 / 깍 찌 어이 **Các chị ấy** 그녀들, 그 누나들, 그 언니들 깍 반 어이 **Các bạn ấy** 그 친구들 / 깍 앰 어이 **Các em ấy** 그 동생들, 그애들
		호 **Họ** 그들 *단어 자체로 '그들'이라는 복수의 의미를 가지고 있어 'Các'을 붙이지 않음

전치사

어 **ở**	~에서/에	장소 앞 쭝 다 갑 냐우 어 로이 바오 꽁 비엔 녜 **Chúng ta gặp nhau ở lối vào công viên nhé.** 우리 공원 입구에서 만납시다.
룩 **lúc**	~에	시각 앞 또이 트엉 디 람 룩 바이 져(여) 쌍 **Tôi thường đi làm lúc bảy giờ sáng.** 나는 보통 오전 7시에 출근한다.
바오 **vào**	~에	시간, 시점 앞 응아이 나오 또이 꿍 떱 테 죽(육) 바오 부오이 쌍 **Ngày nào tôi cũng tập thể dục vào buổi sáng.** 나는 매일 아침에 운동을 한다. 또이 쌔 디 주(유) 릭 어 비엣 남 바오 무어 투 남 나이 **Tôi sẽ đi du lịch ở Việt Nam vào mùa thu năm nay.** 나는 올해 가을에 베트남에 여행 갈 것이다.
버이 **với**	~와/과 함께	대상 앞 뚜언 싸우 또이 쌔 디 주(유) 릭 타이 란 버이 꼬 어이 **Tuần sau, tôi sẽ đi du lịch Thái Lan với cô ấy.** 다음 주에 나는 그녀와 (함께) 태국 여행 갈 것이다.
베 **về**	~에 대해서	대상 앞 하이 져이(여이) 티에우 베 반 턴 **Hãy giới thiệu về bản thân.** 자신에 대해 소개해 주세요.
	~으로	방향 앞 꼬 란 디 보 베 피어 꾸안 까 페 **Cô Lan đi bộ về phía quán cà phê.** 란씨는 커피숍 방향으로 걸어갔다.

전치사

방 **bằng**	~으로	**수단, 방법 앞** 쭝 다 디 방 쌔 마이 녜 **Chúng ta đi bằng xe máy nhé.** 우리 오토바이로 갑시다. **도구 앞** 응으어이 비엣 남 안 껌 방 두어 **Người Việt Nam ăn cơm bằng đũa.** 베트남 사람은 젓가락으로 밥을 먹는다. **재료 앞** 까이 반 나이 람 방 고 **Cái bàn này làm bằng gỗ.** 이 책상은 나무로 만들었다.
뜨 **từ**	~서 부터	**시간, 장소 앞** 꾸옥 홉 밧 더우 뜨 머이 져(여) **Cuộc họp bắt đầu từ mấy giờ?** 회의는 몇 시부터 시작합니까? 뜨 더이 끄 디 탕 아잉(안) 쌔 닌 터이 **Từ đây cứ đi thẳng anh sẽ nhìn thấy** 호 호안 끼엠 **hồ Hoàn Kiếm.** 여기서부터 쭉 가면 호안끼엠 호수가 보일 것이다.
덴 **đến**	~에 대하여	**대상 앞** 또이 젓(럿) 꾸안 떰 덴 반 호아 비엣 남 **Tôi rất quan tâm đến văn hóa Việt Nam.** 나는 베트남 문화에 매우 관심이 있다.
	~ 까지	**시간 앞** 또이 트엉 람 템 져(여) 덴 찐 져(여) 또이 **Tôi thường làm thêm giờ đến chín giờ tối.** 저는 보통 저녁 9시까지 야근합니다.

전치사

덴 **đến**	~ 까지	**장소 앞** 뜨 더이 덴 도 콩 싸 람 **Từ đây đến đó không xa lắm.** 여기서부터 거기까지 그다지 멀지 않다.
쯔억 **trước**	~앞	**장소 앞** 쯔억 냐 또이 꼬 꽁 비엔 젓(럿) 종(롱) **Trước nhà tôi có công viên rất rộng.** 우리 집 앞에 매우 큰 공원이 있다.
	~전/이전	**시간 앞** 또이 트엉 디 응우 쯔억 므어이 져(여)또이 **Tôi thường đi ngủ trước mười giờ tối.** 나는 보통 저녁 10시 전에 잠을 잔다.
쫑 **trong**	~안에	**공간 앞** 쫑 뚜 라잉(란) 꼬 니에우 호아 꾸아 바 바잉(반) 응옷 **Trong tủ lạnh có nhiều hoa quả và bánh ngọt.** 냉장고 안에 과일과 케이크가 많이 있다.
	~중에	**범위 앞** 쫑 럽 또이 훙 짬 찌 녓 **Trong lớp tôi, Hùng chăm chỉ nhất.** 우리반 중에서, 훙이 가장 부지런하다.
	~동안에	**기간 앞** 또이 다 혹 띠엥 비엣 쫑 하이 탕 **Tôi đã học tiếng Việt trong hai tháng.** 나는 2개월 동안 베트남어를 공부했다.

전치사

싸우 **sau**	~뒤	**장소 앞** 끄어 항 띠엔 러이 어 피어 싸우 쯔엉 **Cửa hàng tiện lợi ở phía sau trường** 다이 혹 **đại học.** 편의점은 대학교 뒤에 있다.
	~이후	**시간, 시점 앞** 비 니에우 비엑 넨 아잉(안) 어이 트엉 안 또이 **Vì nhiều việc nên anh ấy thường ăn tối** 싸우 땀 져(여) **sau tám giờ.** 일이 많아서 그는 보통 8시 이후에 저녁식사를 한다.
응오아이 **ngoài**	~밖에	**장소 앞** 응오아이 끄어 쏘 뚜이엣 당 저이(러이) 니에우 **Ngoài cửa sổ, tuyết đang rơi nhiều.** 창문 밖에 눈이 많이 내리고 있다.
쩬 **trên**	~위에	**공간, 사물 앞** 디엔 토아이 어 쩬 반 **Điện thoại ở trên bàn.** 핸드폰은 책상 위에 있다.
즈어(이으어) **giữa**	~가운데, 사이에	**장소 앞** 잡(랍) 찌에우 핌 어 즈어(이으어) 히에우 싸익(싹) 바 **Rạp chiếu phim ở giữa hiệu sách và** 씨에우 티 **siêu thị.** 영화관은 서점과 마트 사이에 있다.
즈어이(이으어이) **dưới**	~아래	**공간, 사물 앞** 찌어 코아 어 벤 즈어이(이으어이) 게 소파 **Chìa khóa ở bên dưới ghế sofa.** 열쇠는 소파 밑에 있다.

부사

젓(럿) **rất**	매우, 무척, 아주 피수식어 앞	냐 항 나이 젓(럿) 노이 띠엥 **Nhà hàng này rất nổi tiếng.** 이 식당은 매우 유명하다.
꾸아 **quá**	매우, 무척, 아주 (감탄, 긍정) 피수식어 뒤	니인 끼어 호앙 혼 댑 꾸아 **Nhìn kìa, hoàng hôn đẹp quá!** 보세요, 노을이 너무 아름답습니다!
람 **lắm**	매우, 무척, 아주 피수식어 뒤	핌 나이 하이 람 **Phim này hay lắm.** 이 영화는 아주 재미있다.
카 **khá**	꽤, 상당히	자오(야오) 나이 또이 카 번 **Dạo này tôi khá bận.** 요즘에 나는 상당히 바쁘다.
허이 **hơi**	조금, 약간	까이 아오 나이 허이 또 **Cái áo này hơi to.** 이 옷은 조금 크다.
텃 **thật**	정말, 진짜	또이 무온 무어 못 까이 뚜이 싸익(싹) 텃 **Tôi muốn mua một cái túi xách thật** 댑 쪼 앰 가이 **đẹp cho em gái.** 나는 여동생에게 정말 예쁜 가방을 사주고 싶다.
번 **vẫn**	여전히	보 매 또이 번 코애 **Bố mẹ tôi vẫn khỏe.** 우리 부모님은 여전히 건강하다.
	아직	꼬 어이 번 쯔어 덴 **Cô ấy vẫn chưa đến.** 그녀는 아직 안 왔다.
꼰 **còn**	아직	아잉(안) 남 꼰 독 턴 **Anh Nam còn độc thân.** 남씨는 아직 결혼을 하지 않았다.

부사

꿍 **cùng**	같이, 함께	또이 쏭 꿍 보 매 어 쭝 끄 **Tôi sống cùng bố mẹ ở chung cư.** 나는 부모님과 같이 아파트에 산다.
루온 **luôn**	항상	아잉(안) 어이 루온 즈(이으) 러이 흐어 **Anh ấy luôn giữ lời hứa.** 그는 항상 약속을 지킨다.
루온 루온 **luôn luôn**	항상	꼬 어이 루온 루온 덴 무온 **Cô ấy luôn luôn đến muộn.** 그녀는 항상 지각한다.
트엉 **thường**	보통	보 또이 트엉 우옹 까 페 바오 부오이 쌍 **Bố tôi thường uống cà phê vào buổi sáng.** 우리 아버지는 보통 아침에 커피를 마신다.
트엉 쑤이엔 **thường xuyên**	자주, 규칙적으로	또이 트엉 쑤이엔 덴 트 비엔 바 독 싸익(싹) **Tôi thường xuyên đến thư viện và đọc sách.** 나는 자주 도서관에 가서 책을 읽는다.
하이 **hay**	자주	쟈(야) 딩 또이 하이 디 무어 쌈 바오 꾸오이 뚜언 **Gia đình tôi hay đi mua sắm vào cuối tuần.** 우리 가족은 주말에 자주 쇼핑하러 간다.
트엉 하이 **thường hay**	자주	또이 트엉 하이 쌤 핌 덴 쿠이어 **Tôi thường hay xem phim đến khuya.** 나는 자주 밤 늦게까지 드라마를 본다.

부사

팅 토앙 **Thỉnh thoảng**	가끔, 때때로	팅 토앙 또이 비 다우 더우 바 쫑 맛 **Thỉnh thoảng tôi bị đau đầu và chóng mặt.** 나는 가끔 머리가 아프고 어지럽다.
đôi khi 도이 키	가끔, 때때로	도이 키 또이 무온 어 못 밍 **Đôi khi tôi muốn ở một mình.** 가끔 혼자 있고 싶다.
ít khi 잇 키	거의 ~하지 않는다	또이 잇 키 디 주(유) 릭 느억 응오아이 **Tôi ít khi đi du lịch nước ngoài.** 나는 거의 해외여행을 가지 않는다.
콩 바오 져(여) **không bao giờ**	전혀 ~하지 않는다	또이 콩 바오 져(여) 훗 투옥 라 **Tôi không bao giờ hút thuốc lá.** 나는 전혀 담배를 피우지 않는다.

접속사

바 **và**	~와/과, 그리고	몬 안 어 냐 항 나이 응온 바 재(래) **Món ăn ở nhà hàng này ngon và rẻ.** 이 식당의 음식은 맛있고 저렴하다.
꼰 **còn**	그리고, 그런데 (화제전환)	또이 틱 안 퍼 꼰 앰 또이 틱 안 **Tôi thích ăn phở còn em tôi thích ăn** 바잉(반) 미 **bánh mì.** 나는 쌀국수를 좋아하는데 우리 동생은 반미를 좋아한다.
니응 **nhưng**	하지만, 그러나	까이 아오 나이 댑 니응 닷 꾸아 **Cái áo này đẹp nhưng đắt quá.** 이 옷은 예쁘지만 비싸다.
호악 **hoặc**	혹은, 또는 (평서문)	아잉(안) 고이 디엔 토아이 호악 그이 이메일 쪼 **Anh gọi điện thoại hoặc gửi email cho** 또이 데우 드억 **tôi đều được.** 나에게 전화 하거나 메일을 보내도 모두 상관없다.
하이 **hay**	~아니면, 혹은, 또는 (의문문, 평서문)	아잉(안) 우옹 까 페 하이 짜 쓰어 **Anh uống cà phê hay trà sữa?** 커피 마실래요 아니면 밀크티 마실래요? 또이 트엉 쌤 띠비 하이 쌤 핌 어 냐 **Tôi thường xem tivi hay xem phim ở nhà.** 나는 주로 집에서 티비를 보거나 영화를 본다.
마 **mà**	~지만, ~인데	또이 무온 탐 호 호안 끼엠 마 **Tôi muốn thăm hồ Hoàn Kiếm mà** 콩 비엣 드엉 **không biết đường.** 호안끼엠호수를 구경하고 싶은데 (가는) 길을 모르겠다.

접속사

뚜이 니엔 **tuy nhiên**	그러나, 하지만	까이 마이 쟛(얏) 나이 똣 뚜이 니엔 쟈(야) 허이 까오 **Cái máy giặt này tốt, tuy nhiên giá hơi cao.** 이 세탁기는 좋지만 가격이 좀 비싸다.
헌 느어 **hơn nữa**	게다가, 또한	카익(칵) 싼 나이 젓(럿) 띠엔 응이 헌 느어 년 비엔 젓(럿) 턴 티엔 **Khách sạn này rất tiện nghi, hơn nữa nhân viên rất thân thiện.** 이 호텔은 시설도 좋고 게다가 직원도 친절하다.
응오아이 자(라) **Ngoài ra**	그 외에	냐 항 나이 꼬 퍼 응오아이 자(라) 꼰 꼬 분 짜 **Nhà hàng này có phở, ngoài ra còn có bún chả.** 이 식당에는 쌀국수가 있고, 그 외에 분짜도 있다.
바 라이 **Vả lại**	게다가, 더구나	퐁 까잉(깐) 비엣 남 젓(럿) 댑 바 라이 꼰 응으어이 꿍 젓(럿) 턴 티엔 **Phong cảnh Việt Nam rất đẹp. Vả lại, con người cũng rất thân thiện.** 베트남 풍경은 아름답다. 게다가 사람들도 친절하다.

구문

비 A 넨 B **Vì A nên B**	~하기 때문에 ~하다	비 소파 냐 또이 젓(럿) 꾸 넨 또이 무온 **Vì sofa nhà tôi rất cũ nên tôi muốn** 무어 까이 머이 **mua cái mới.** 우리 집 소파가 너무 낡아서 새 것으로 하나 사고 싶다.
버이 비 A 쪼 넨 B **Bởi vì A cho nên B**	~하기 때문에 ~하다	버이 비 무온 람 비엑 어 비엣 남 쪼 **Bởi vì muốn làm việc ở Việt Nam cho** 넨 또이 혹 띠엥 비엣 **nên tôi học tiếng Việt.** 베트남에서 일하고 싶어서 베트남어를 배운다.
콩 니응 A 마 꼰 B **không những A mà còn B**	~할 뿐만 아니라 ~하기까지 하다	꾸아 나이 콩 니응 응온 마 꼰 **Quả này không những ngon mà còn** 똣 쪼 쓱 코애 **tốt cho sức khỏe.** 이 과일은 맛있을 뿐만 아니라 건강에도 좋다.
콩 찌 A 마 꼰 B **không chỉ A mà còn B**	~할 뿐만 아니라 ~하기까지 하다	꼬 란 콩 찌 조이(요이) 띠엥 아잉(안) 마 **Cô Lan không chỉ giỏi tiếng Anh mà** 꼰 타잉(탄) 타오 띠엥 녓 **còn thành thạo tiếng Nhật.** 란씨는 영어를 잘할 뿐만 아니라 일본어도 유창하다.
브어 A 브어 B **vừa A vừa B**	~하기도 하고 ~하기도 하다	꼬 어이 브어 씽 브어 통 밍 **Cô ấy vừa xinh vừa thông minh.** 그녀는 예쁘기도 하고 똑똑하기도 하다.
	~하면서 ~하다	찌 란 브어 우옹 카 페 브어 람 비엑 **Chị Lan vừa uống cà phê vừa làm việc.** 란 언니는 커피를 마시면서 일한다.

구문

구문	뜻	예문
깡 A 깡 B **càng A càng B**	~하면 할 수록 ~하다	꾸엔 싸익(싹) 나이 깡 독 깡 투 비 **Quyển sách này càng đọc càng thú vị.** 이 책은 읽으면 읽을수록 재미있다.
깡 응아이 깡 **càng ngày càng**	~가/이 가면 갈 수록	터이 띠엣 깡 응아이 깡 쩌 넨 엄 압 **Thời tiết càng ngày càng trở nên ấm áp.** 날씨가 갈수록 따뜻해진다.
까 A 바 B **cả A và B** 까 A 런 B **cả A lẫn B**	~와/과~ 둘 다	홈 나이 까자우(라우) 바 호아 꾸아 데우 재(래) **Hôm nay cả rau và hoa quả đều rẻ.** 오늘은 채소와 과일이 둘 다 싸다. 찌 어이 고이 까 냄 잔(란) 런 분 짜 **Chị ấy gọi cả nem rán lẫn bún chả.** 그 언니는 스프링롤과 분짜를 둘 다 시켰다.
써 지(이) A 라 비 B **Sở dĩ A là vì B**	~한 것은 ~ 때문이다	써 지(이) 홈 나이 또이 응이 람 라 비 비 다우 더우 **Sở dĩ hôm nay tôi nghỉ làm là vì bị đau đầu.** 오늘 일을 쉬는 이유는 머리가 아프기 때문이다.
네우 A 티 B **Nếu A thì B**	만약 ~하면 ~한다	네우 콩 무온 안 퍼 티 하이 고이 몬 칵 **Nếu không muốn ăn phở thì hãy gọi món khác.** 만약 쌀국수가 먹고 싶지 않다면 다른 것으로 주문하세요.
키 A 티 B **Khi A thì B**	~할 때 ~한다	키 또이 덴 티 찌 어이 당 응우 **Khi tôi đến thì chị ấy đang ngủ.** 내가 왔을 때 그 언니는 자고 있었다.
막 주(유) A 니응 B **Mặc dù A nhưng B**	비록 ~하지만 ~하다	막 주(유) 비 옴 니응 꼬 어이 번 디 람 **Mặc dù bị ốm nhưng cô ấy vẫn đi làm.** 비록 아프지만 그녀는 출근했다.

구문

월 일

뚜이 A 니응 B **tuy A nhưng B**	비록 ~하지만 ~하다	몬 안 나이 뚜이 응온 니응 허이 응어이 **Món ăn này tuy ngon nhưng hơi ngấy.** 이 음식은 (비록) 맛있지만 조금 느끼하다.
주(유) A 니응 B **Dù A nhưng B**	비록 ~하지만 ~하다	주(유) 다 갑 니에우 런 니응 또이 콩 녀 뗀 꼬 어이 **Dù đã gặp nhiều lần nhưng tôi không nhớ tên cô ấy.** (비록) 여러 번 만났지만 나는 그녀의 이름이 기억나지 않는다.

종별사

종별사 명사 앞에 위치하여 명사의 종류를 나타내 주는 단어, 숫자와 함께 사용하면 단위성 명사가 됨

까이
cái
개(사물을 세는 단위)

꼰
con
마리

꾸이엔 꾸온
quyển / cuốn
권

꾸아
quả
개

떠
tờ
장
(종이나 신문처럼 평면적인 것)

도이
đôi
켤레, 쌍, 짝

찌엑
chiếc
개(기계를 세는 단위, 혹은 세트 중에 낱개를 세는 단위)

븍 떰
bức / tấm
사진, 그림 (직사각형) 등을 세는 단위

보
bộ
세트, 벌

시각

므어이 하이 져(여)
Mười hai giờ
12시

못 져(여)
Một giờ
1시

하이 져(여)
Hai giờ
2시

바 져(여)
Ba giờ
3시

본 져(여)
Bốn giờ
4시

남 져(여)
Năm giờ
5시

싸우 져(여)
Sáu giờ
6시

바이 져(여)
Bảy giờ
7시

땀 져(여)
Tám giờ
8시

찐 져(여)
Chín giờ
9시

므어이 져(여)
Mười giờ
10시

므어이 못 져(여)
Mười một giờ
11시

월·요일

1~12월

탕 못 **Tháng một** 1월	탕 하이 **Tháng hai** 2월	탕 바 **Tháng ba** 3월
탕 뜨 **Tháng tư** 4월	탕 남 **Tháng năm** 5월	탕 싸우 **Tháng sáu** 6월
탕 바이 **Tháng bảy** 7월	탕 땀 **Tháng tám** 8월	탕 찐 **Tháng chín** 9월
탕 므어이 **Tháng mười** 10월	탕 므어이 못 **Tháng mười một** 11월	탕 므어이 하이 **Tháng mười hai** 12월

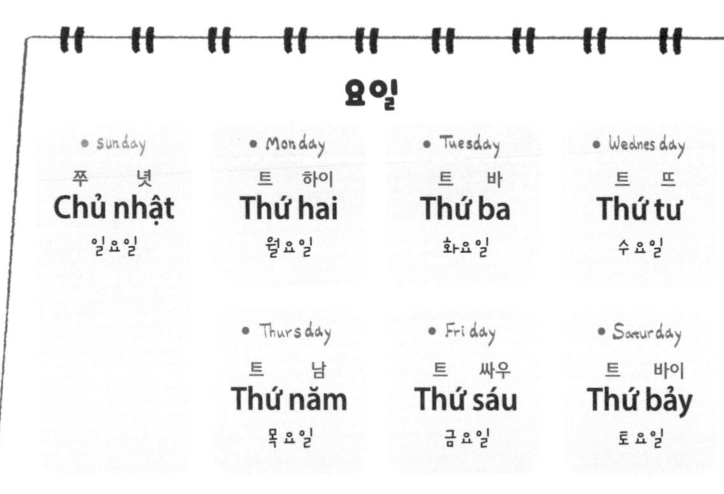

요일

• Sunday 쭈 녓 **Chủ nhật** 일요일	• Monday 트 하이 **Thứ hai** 월요일	• Tuesday 트 바 **Thứ ba** 화요일	• Wednesday 트 뜨 **Thứ tư** 수요일
	• Thursday 트 남 **Thứ năm** 목요일	• Friday 트 싸우 **Thứ sáu** 금요일	• Saturday 트 바이 **Thứ bảy** 토요일

날짜

1~31일

* 날짜 1일~10일은 숫자 앞에 mùng/mồng을 붙여 사용함.

Sunday	Monday	Tuesday	Wednesday	Thursday	Friday	Saturday
1 응아이 뭉 ngày mùng 못 một 1일	2 응아이 뭉 ngày mùng 하이 hai 2일	3 응아이 뭉 ngày mùng 바 ba 3일	4 응아이 뭉 ngày mùng 본 bốn 4일	5 응아이 뭉 ngày mùng 남 năm 5일	6 응아이 뭉 ngày mùng 싸우 sáu 6일	7 응아이 뭉 ngày mùng 바이 bảy 7일
8 응아이 뭉 ngày mùng 땀 tám 8일	9 응아이 뭉 ngày mùng 찐 chín 9일	10 응아이 뭉 ngày mùng 므어이 mười 10일	11 응아이 ngày 므어이 못 mười một 11일	12 응아이 ngày 므어이 하이 mười hai 12일	13 응아이 ngày 므어이 바 mười ba 13일	14 응아이 ngày 므어이 본 mười bốn 14일
15 응아이 ngày 므어이 람 mười lăm 15일	16 응아이 ngày 므어이 싸우 mười sáu 16일	17 응아이 ngày 므어이 바이 mười bảy 17일	18 응아이 ngày 므어이 땀 mười tám 18일	19 응아이 ngày 므어이 찐 mười chín 19일	20 응아이 하이 ngày hai 므어이 mươi 20일	21 응아이 하이 ngày hai 므어이 못 mươi mốt 21일
22 응아이 하이 ngày hai 므어이 하이 mươi hai 22일	23 응아이 하이 ngày hai 므어이 바 mươi ba 23일	24 응아이하이 ngày hai 므어이 본 뜨 mươi bốn/tư 24일	25 응아이 하이 ngày hai 므어이 람 mươi lăm 25일	26 응아이 하이 ngày hai 므어이 싸우 mươi sáu 26일	27 응아이 하이 ngày hai 므어이 바이 mươi bảy 27일	28 응아이 하이 ngày hai 므어이 땀 mươi tám 28일
29 응아이 하이 ngày hai 므어이 찐 mươi chín 29일	30 응아이 바 ngày ba 므어이 mươi 30일	31 응아이 바 ngày ba 므어이 못 mươi mốt 31일				

월 일

기간
시 · 일 · 주 · 월

시	일	주	월
못 띠엥 Một tiếng 1시간	못 응아이 Một ngày 하루	못 뚜언 Một tuần 1주	못 탕 Một tháng 한 달
하이 띠엥 Hai tiếng 2시간	하이 응아이 Hai ngày 이틀	하이 뚜언 Hai tuần 2주	하이 탕 Hai tháng 두 달
바 띠엥 Ba tiếng 3시간	바 응아이 Ba ngày 삼일	바 뚜언 Ba tuần 3주	바 탕 Ba tháng 석 달
본 띠엥 Bốn tiếng 4시간	본 응아이 Bốn ngày 4일	본 뚜언 Bốn tuần 4주	본 탕 Bốn tháng 넉 달
남 띠엥 Năm tiếng 5시간	남 응아이 Năm ngày 5일	남 뚜언 Năm tuần 5주	남 탕 Năm tháng 다섯 달
싸우 띠엥 Sáu tiếng 6시간	싸우 응아이 Sáu ngày 6일	싸우 뚜언 Sáu tuần 6주	싸우 탕 Sáu tháng 여섯 달
바이 띠엥 Bảy tiếng 7시간	바이 응아이 Bảy ngày 7일	바이 뚜언 Bảy tuần 7주	바이 탕 Bảy tháng 일곱 달
땀 띠엥 Tám tiếng 8시간	땀 응아이 Tám ngày 8일	땀 뚜언 Tám tuần 8주	땀 탕 Tám tháng 여덟 달
찐 띠엥 Chín tiếng 9시간	찐 응아이 Chín ngày 9일	찐 뚜언 Chín tuần 9주	찐 탕 Chín tháng 아홉 달
므어이 띠엥 Mười tiếng 10시간	므어이 응아이 Mười ngày 10일	므어이 뚜언 Mười tuần 10주	므어이 탕 Mười tháng 열 달
므어이 못 띠엥 Mười một tiếng 11시간	므어이 못 응아이 Mười một ngày 11일	므어이 못 뚜언 Mười một tuần 11주	므어이 못 탕 Mười một tháng 열 한달
므어이 하이 띠엥 Mười hai tiếng 12시간	므어이 하이 응아이 Mười hai ngày 12일	므어이 하이 뚜언 Mười hai tuần 12주	므어이 하이 탕 Mười hai tháng 열두 달